跨文化视角下的伦理与道德研究

朱战炜　王辰晖　著

中国民族文化出版社
北京

图书在版编目(CIP)数据

跨文化视角下的伦理与道德研究／朱战炜，王辰晖
著. --北京：中国民族文化出版社有限公司，2023.11（2025.1重印）

ISBN 978-7-5122-1807-9

Ⅰ.①跨… Ⅱ.①朱… ②王… Ⅲ.①伦理学–研究
–中国 Ⅳ.①B82-092

中国国家版本馆 CIP 数据核字（2023）第 217968 号

跨文化视角下的伦理与道德研究

KUA WENHUA SHIJIAO XIA DE LUNLI YU DAODE YANJIU

作　者	朱战炜　王辰晖
责任编辑	赵　天
责任校对	钟晓云
出版者	中国民族文化出版社　地址：北京市东城区和平里北街 14 号
	邮编：100013　联系电话：010-84250639　64211754（传真）
印　装	三河市同力彩印有限公司
开　本	787mm×1092mm　1/16
印　张	8.75
字　数	180 千
版　次	2023 年 11 月第 1 版
印　次	2025 年 1 月第 2 次印刷
标准书号	ISBN 978-7-5122-1807-9
定　价	48.00 元

前　　言

　　伦理不仅传达了对文化和社会继续存在至关重要的规则,而且也是人们共同努力建设和维护社会时预测未来的基础。伦理学不是一成不变的,它是一个动态发展的过程。在跨文化交际中,不同文化的碰撞和融合会导致跨文化伦理冲突和危机。跨文化传播学者应该确保跨文化语境中的伦理变化不具有威胁性,从而确保新兴的全球互动世界的稳定性和可预测性。在全球化时代,由于各民族历史文化的差异,各自的意见和利益而产生的矛盾和冲突是不可避免的。如何有效化解这些矛盾,确保全球互动的稳定与和谐,是人类的共同目标。

　　改革开放40多年,中国伦理道德发展在多元多变的激荡中不断积累积聚文化共识而走向"不惑",伦理学研究如何伴随它的时代迈入"不惑"之境? 席勒曾经说过:"在肉体的意义上,我们应该是我们自己时代的公民(在这种事情上我们其实没有选择)。但是在精神的意义上,哲学家和有想象力的作家的特权和责任,恰恰是摆脱特定民族及特定时代的束缚,成为真正意义的一切时代的同代人。"现代中国伦理学不仅应当负载40年洗礼的清新气息,而且应当使大浪淘沙的历史变革所蒸馏的思想学术精华积淀,为中国伦理道德发展的"新传统",在镌刻"自己时代"的集体记忆的同时,汇入民族文化传承的洪流生生不息,成为"一切时代的同代人"。

　　伦理学作为"第一哲学",有着强烈的时代关照和实践特征,与人们的生活样态和价值追求息息相关。中华优秀伦理道德传统是中华民族思想文化传统的重要组成部分,是中国思想家对中华民族道德实践经验的总结。中华民族之所以能够历经数千年的历史百摧不亡而屹立于世界民族之林,中华儿女世代相传的传统美德、伦理规范发挥了重要作用。

　　本书基于跨文化视角对中西伦理与道德进行研究,共分六章。第一章为跨文化概述,系统论述了文化的内涵与渊源、中西文化差异的表现方式以及跨文化研究产生的时代背景。第二章为跨文化视角下的中西传统伦理,包括西方意志主义的有为传统、儒道的"天人合一"观、解决环境问题的中国智慧,以及中西传统伦理学的真善之异。第三章为跨文化视角下的中西伦理探索,包括跨文化传播带来的伦理冲突与理论探索、中西生命伦理观与实践上的差异、全球化时代的跨文化传播伦理构建。第四章为跨文化视角下的马克思主义伦理思想,包括弗洛姆的人本主义伦理思想、伊格尔顿对马克思主义的伦理辩护、理论反思之马克思道德思想的深化与拓展、现实反思之中国社会转型中道德追寻之路。第五章为跨文化视角下中西德性伦理的传统批判,包括德性与德性伦理、德性伦理传统在特定文化背景中的淡出、中西德性伦理传统的文化比较。第六章为跨文化视角下中西传统伦理与道德建设,包括中西之辩与传统伦理文化的再认识和弘扬中国传统伦理道德思想的重要意义。

由于时间仓促,加之作者知识储备有限,书中存在疏漏不当之处,望广大读者给予批评指正。

2023 年 3 月

目　　录

第一章　跨文化概述

第一节　文化的内涵与渊源

一、文化的定义

"文化"古时是指与"武力"相对的文德教化。汉代刘向《说苑·指武》中指出："圣人之治天下也,先文德而后武力。凡武之兴,为不服也;文化不改,然后加诛。夫下愚不移,纯德之所不能化,而后武力加焉。"之后,"文化"一词被日语借入,后来作为日语借词被现代汉语吸收,衍生出"文明""教育"等含义。文化属于人类创造的精神财富和物质财富,人性具有的共性使得人们能共享这些财富。但是,在达到有效交际之前,我们必须了解别人的文化,克服文化差异所产生的障碍。

美国人类学家克鲁伯从不同定义的角度作分类研究。在众多的文化定义中,文化人类学家泰勒和马林诺夫斯基的两个定义更受推崇。前者侧重于文化的融合和精神性,后者侧重于文化的功能和制度方面。

另外两位学者对跨文化的研究侧重于跨文化语言交际的研究,对文化的定义可能更为准确和直接。社会语言学家戈德兰夫指出,文化"由人们为了使自己的活动为社会其他成员所接受而必须知道和相信的一切组成。作为一种人们必须学习的东西,它不同于生物遗传学。文化必须由学习的最终产品'知识'组成"。本尼迪克特认为,文化是"通过某个民族的活动进行的一种思考和行动方式,一种使这个民族与其他任何民族不同的方式"。这些定义中强调文化的民族性,前者强调一个民族内部的规范,后者强调民族之间的环境差异。不同的民族创造了自己独特的文化,也被自己的文化所塑造。

"文化"有狭义和广义的理解。狭义的理解侧重于精神方面，是指与之相适应的社会意识形态、风俗习惯、实用规范以及与之相适应的社会制度和社会组织。但是，精神或意识不能凭空创造或独立于人类物质生产的社会实践而存在，而是在人类改造自然的社会实践中产生的。在使人类生命超越兽性、区别于动物生存的所有因素中，精神和物质两方面一直纠缠在一起，互为因果，密不可分。因此，广义上的"文化"包括精神和物质两个方面，即人类在历史发展过程中创造的物质财富和精神财富的总和。但一般情况下，谈到"文化"，人们首先想到的是它的狭义含义，即文化的精神层面。

在跨文化交际过程中，文化会因不同的具体情况和场合而表现出各种差异。在社会化过程中，由于环境、情境等时空的不断变化，人们通过传播确认、建立、维持和强化了各种文化身份，从而获得了不同的传播文化。长大后，他们已经掌握了一套规则，可以在各种社交场合与人互动。他们在不同时间、场合和情况下与不同群体的互动中学习了不同的沟通规范。也就是说，在社会化过程中，人们学习到了各种不同的群体文化、信仰文化和地域文化，形成了不同类型的社会和角色关系。

文化研究领域通常将文化分为主流文化和亚文化，也就是说，文化的概念是有层次的，一个整体的文化往往包含着各个子范畴的"变种"，在某个文化圈内形成了一个亚文化圈。亚文化起源于亚群。亚群是某一族群内的族群划分。他们在子群体中有共同的信念、价值观、行为准则、沟通规范和认知模式。不同的亚群在感知、思想、言语、行为等方面存在一定的差异，因此亚文化与主流文化之间存在"大联系"和"小差异"。中国是一个多民族国家，加之地域辽阔，人口众多，亚文化现象十分明显。长江以北地区属于传统的中原文化，东南沿海地区呈现出典型的海派文化，西南地区呈现出多元的少数民族文化。这些差异往往会导致文化中不同群体之间交流的问题和冲突。

二、文化的特征

（一）交际的符号性

任何文化都是由一套符号系统以及在创造和使用这些符号的过程中思考和行动的方式所代表的。人是一种"象征性的动物"，象征性思维和象征性行为是人类生活最具代表性的特征。人类创造文化的过程就是发明和使用符号的过程。人类创造了一个文化世界，其本质是为自己创造一个"符号宇宙"。在文化创造中，人类不断地将自己对世界的认识、事物和现象的意义和价值转化为一些具体的、感性的形式或行为，使这些具体的形式或行为具有一定的象征意义。它是一种文化符号，是人们生活中必须遵守的习俗或规则。因此，人们生活在这些习俗或法律的规范中，生活在一个充满他们自己创造的文化符号的世界里。一方面，他们受到文化的制约；另一方面，他们通过对文化约束的宽容表达自己的生活。

文化的象征性导致文化和传播的同一性。沟通是对文化编码和解码的过程。语言是编码和解码的工具，是文化的传承和储存系统。我们把文化概括为"符号和意义的模型系统"。范式是指文化的规律性和稳定性；符号是指语言、非语言或其他代表现实的事物；意义是指人们赖以生存的文化，是一种意义体系，是人们赖以生存的社会的文化和价值取向。对概念、社会规范等的解释只有当交际双方对同一符号的理解完全相同或在很大程度上相似时，交际才能有效。否则，误解和冲突是不可避免的。这意味着沟通上的差异有潜在的危险。

文化是符号和意义的典型系统。这也意味着对交际行为的解释或解码受到特定的文化规则或规范的限制，即交际双方只有在共同拥有一套社会期望、社会规范或行为准则的情况下才能进行。

（二）民族文化的选择性

文化不可能凭空产生和存在。它植根于人类社会，人类社会总是被生活在相对集中的社区、有着共同生活史的民族划分。因此，某种文化总是生长在某个民族的有机体上。文化的边界总是与民族的边界相一致。一个民族的特征是除了身体特征之外的文化特征。所谓民族特征，主要是指文化特征。然而，当一个人口众多的民族分布在一个大区域时，不可能在所有细节层次上都保持相同的文化。因此，民族文化往往在地域渐变的基础上形成一些不同的亚文化。小传统在大传统下各具特色。小传统具有地域性，是大传统的一部分，但同时又受大传统的支配和控制。因此，在大传统的民族文化中，往往存在多种地域文化并存。例如，中原文化、齐鲁文化、楚文化和吴越文化之间存在差异。

人类可以选择的行为规则是无限的，但每种特定文化选择的规则是有限的。每种文化只选择对其自身文化有意义的规则，所以每个文化成员遵循的规则数量有限。可以说，文化的功能是定义不同的群体。文化的这种特性对于跨文化交际非常重要，这种集体无意识文化的必然产物是群体或种族中心主义。从群体或民族中心主义的概念中，我们可以看出它与沟通的关系。群体或民族优越感在人类交流中是一种常见的现象。人们不自觉地以自己的文化为标准来解读和评价他人的行为。他们习惯于以自己的文化为窗口去观察别人的行为，在不知不觉中就会被认为是正确的或合理的。显然，群体或民族中心主义会导致沟通失误，当达到一定程度时，就会带来文化冲突。

（三）观念的整合性

文化是一种群体行为规则的集合，理想情况下可以认为出现在一个社会或团体的所有成员的行为。这样，我们就有了中国文化、美国文化、东方文化、西方文化等统一的术语，在主流文化中有亚文化或群体文化、地域文化、职业文化、性别文化等。这意味着社会组织、社会结构、社会关系、社会地位等都属于文化的范畴。特别是世界观、价值观等文化核心要素，虽然不属于行为范畴，但也会像计算机一样为人编写行为和思维程序，规定内容、方法和交往行为规范，因此，世界观、价值观等通常被称为"文化实体"和"民族性格"。由此可见，文化是一个复杂的整体，是某一地域（通常以一个民族为代表）的某一文化群体为满足人们的需要而创造的一套生活、思想和行为模式，由各种元素组成。在这个整体模式中，各组成部分相辅相成，相互融合，相互渗透，共同发挥塑造民族特色和民族精神的作用。

同时，整个民族文化都有一个或几个从价值选择的结果出发的"文化内核"。这种文化内核像遗传因素一样，无孔不入地渗透到民族的所有文化细胞中，并在文化整合中发挥作用。潜在的作用，使整个文化具有保守的、凝聚的、排斥的和同化的外来文化元素。文化的融合是一种文化完善自身、形成独特面貌的动力。它可以保证文化在一定限度内保持稳定的秩序，同时文化随着时间的推移而变化。例如，在延续了两千多年的中国传统文化中，以血缘关系为基础的宗法思想，集自然哲学、政治哲学、伦理哲学于一体的"天人合一"的世界观，就是基于"国家和世界的经济"。实践理性的目的和其他精神要素作为中华文化的"核心"，在文化传统的形成过程中一直发挥着"整合"的作用。通过这种融合形成的中国文化，是一种与欧美文化截然不同的独特模式。跨文化交际中的误会和冲突，正是源于此。由于不同的文化有不同的"核心"，必然会导致价值观、认知模式和生活方式的差异。这种差异不可避免地会导致交流中的文化碰撞。因此，如果双方都不能了解对方的文化，就会出现与沟通期望的对比，结果当然是不尽如人意的。

（四）动态的可变性

文化的稳定性是相对的。一方面，文化是满足人类生存需要的手段。当生存条件发生变化时，文化作为一种思想形态也必然发生变化，这是文化差异产生的内在原因。在人类文化史上，伟大的发明（如文字、纸、印刷、蒸汽机、电器、电子计算机）和伟大的发现（如新地理、天体规律、节能）都促成了文化的变革。这是因为科学技术的新发明和进步使人们的思想、行为、生活方式，甚至交流方式不断发生变化。另一方面，从一种文化的外部来看，文化传播和文化碰撞可能会引起这种文化内部要素和结构的"量"变化，而这种"量"变化的积累也可能促进这种"量"的形成。文化的"质"变导致了进化、退化、衰落、重组或转移。社会的发展，国家和民族之间频繁而深入的交流，政治的突然变化，经济全球化的趋势，都导致了文化的不断交流、碰撞甚至变化。例如，佛教传入中国，深刻地改变了中国传统文化的结构和面貌。中国的儒家思想和汉字也对许多东南亚国家的文化产生了重大影响；欧洲文化传入美洲，导致美洲本土文化大规模萎缩，甚至部分消亡。20世纪，苏联的解体，柏林墙的消失，欧洲经济联盟的形成，不仅改变了人们的政治生活，也改变了人们交流的方式。

表层文化结构（物质形态）的变化，无论在速度上还是质量上都远远超过深层文化结构（精神形态）的变化。例如，现代生活中衣食住行方面的变化远比信仰、价值观和世界观的变化明显。改革开放40多年来，人们的生活方式、生活条件、饮食结构、衣着习惯等"硬件"发生了巨大变化，改革开放的成就举世瞩目；但在"软件"方面，质变并不明显。表面上看，中国的"新一代"很容易接受西方的文化，但随着年龄的增长，他们会"回归"。这是由文化刻板印象决定的，而不是由人的意志改变的。因此，我们必须清楚地看到，"国际融合"是有限的。因为，可以"融合"的大多是文化结构表层的，而不是深层的。无论社会发展到哪个阶段，文化差异和冲突都是不可避免的。

第二节 中西文化差异的表现方式与融合

一、中西文化差异的表现方式

西方文化相对于东方文化起步较晚，而在西方文化中，如南欧与北欧、西欧与东欧，英德各自的文化也有其内在差异。但是，这种差异不是定性的，体现本质差异的无疑是中西方文化的差异。

中西方文化大体上有很多差异，细节上的差异就更多了。例如，在西方文化中，龙是罪恶和邪恶的代表。在西方传统文化的神话传说中，龙是一种巨大的丑陋的蜥蜴，长着翅膀、鳞片，还有一条长尾巴。在中世纪，龙演变成邪恶的象征。在汉文化中，凤凰与龙相对，在西方则意味着复活。在埃及神话中，凤凰是一种生活在阿拉伯沙漠中的神奇鸟。他们临死前为自己筑巢，唱一首挽歌，然后扇动翅膀扇火自焚，一只新的凤凰从灰烬中飞出，获得了新的生命。

在中国，龙是图腾。图腾发展进一步神圣化后，形成了具有龙、凤等动物特征的综合图腾形象。在中国古代传说中，龙是能化云雨的神奇动物。所以，在我国，"龙凤"是指人中翘楚，凤是极重要的象征符号，代表力量、吉祥和美好。汉族自称"龙的传人"，以"龙的传人"为荣。"龙"也广泛用于成语，多为褒义词，如龙飞凤舞、藏龙卧虎等。与龙相对的图腾偶像是凤凰，与龙、乌龟和麒麟兽统称为四灵。凤凰在中国还用来形容好女人，也意味着和平与繁荣。在古代，凤凰也用来形容美德。"凤毛"意为珍贵稀有，常用于比喻有圣德之人。可以看出，在英文中，龙与凤造成了与中文中"龙"与"凤凰"完全不同的联想。这种巨大而明显的文化差异提醒我们，在跨文化交际中必须了解不同的文化习俗，才能实现有效的沟通和成功的沟通。

文化差异归根结底是不同民族的思维差异，思维的外在表现是语言，所以思维、语言和文化形成了一个微妙的循环。人类的思维既有共同性，又有个体性，体现在语言和文化上，形成了不同民族语言形式的差异和整体文化差异。接下来，让我们看看东方人和西方人思维方式的差异。

思维方式有三个主要特征。

第一，民族思维方式形成后，相对稳定。一个人，无论是东方人还是西方人，在形成一种思维之后，都是比较稳定的，不会轻易改变。

第二，思维方式不是一成不变的，而是不断发展的。年轻一代的思想变化也是如此。很明显，80后、90后现在的想法和50后、60后、70后的想法有很大的不同。

第三，思维的广泛性。有一篇文章，说美国人和中国人通信时，中国人看了美国人的信就生气。因为在信的开头，美国人把他们的要求写在前面，直截了当，后面只有礼貌的话语。而美国人在读中国人的信时，一开始会感到迷茫，因为他们不知道对方想说什么，往往信的最后是重点内容，前面的话都是客气话。因此，美国人在阅读汉字时，也会向后看。这种不同的书写和阅读信件的方式也反映了他们不同的思维方式。

从语言思维来看，中西方思维的差异主要表现在义利关系、中西方情感表达的差异、求同存异的思维，以及诚信和个性的问题上。从西方国家的发展历史，从他们与中国和其他国家的冲突，以及西方生活的所有细节，我们可以看到他们的自我意识，也可以称为非虚伪或唯物主义的作风。

中国人往往刻意理解思维方式，而西方思维则是直觉。例如，我们喜欢在一些文章或生活中使用提示，或者用过去讨论现在。这种微妙之处需要你去理解。这里所谓无声胜有声、墨痕被江河断，与西方人的直觉大不相同。钱锺书先生在比较西方文化和中国文化时，也谈到了中国诗歌的长处：虽然只有几十个字，但比西方长诗更具艺术性。但这种诗的意境，对于西方人来说，是非常高深和难以理解的。

二、中西方文化的融合

文化属于上层建筑，是由经济基础决定的。一方面，进入21世纪后，全球文化传播和碰撞的趋势与世界经济一体化的趋势同步，呈现出极其复杂的局面。现代科学技术的发展和世界经济全球化的需要，使得民族国家之间的经济、文化交流更加频繁。国家和民族之间的文化交流大大加强，各国的共同利益也大大增加。同时，随着物质条件的改善和信息技术的进步，文化的传播变得更加迅速和有效。因此，各种文化的融合会加速，文化由民族性走向国际化的速度也会加快，形成文化全球化的趋势。另一方面，在全球化的同时，民族国家的主权和独立意识不断增强，民族文化的特色也越来越受到重视。

如今，大街上随处可见以欧美文化为代表的各种西方流行文化元素，它们对国人（尤其青少年）的观念、审美标准和行为都产生了较大的影响。在日常生活中，我们也经常可以看到中西文化的共存，中西文化相互适应、相互融合的现象。

中国不仅是一个古老的文化大国，也是一个发展势头强劲的发展中国家，正以积极对外开放的态度走在与西方文化碰撞的前沿。随着改革开放的不断深入，中国与其他各民族的经济文化交流不断加强。

第三节　跨文化研究的时代背景

在当今世界经济全球化加速发展的今天，跨文化研究已成为一个重要课题。在中文的解释中，"跨"是超越的意思。因此，跨文化研究的一个重要命题是谁的文化跨越谁的文化？换言之，在经济全球化的背景下，我们应该如何应对文化的交流、碰撞和融合？

跨文化现象不是今天才出现的新鲜现象，古已有之。众所周知，儒家文化是中国的本土文化，而佛教文化是来自印度的外来文化。但在南北朝和唐初时期，佛教盛行，儒家文化退居其次。战争环境有利于佛教的传播。南北朝时期，政权对立，人民受苦受难，连一些封建统治者都痛恨无休止的战争。在佛教中，宽容、来世、虚无的思想在很大程度上有利于和平。为了达到精神的平衡与稳定，人们自觉或不自觉地选择了佛教文化。

即便如此，儒家文化并没有衰落。以儒家文化为主导的中国传统文化比其他文化更具包容性。佛教文化作为外来文化，一度压倒儒家文化，但最终退出主流地位。尽管儒家文化复兴，但它并没有对佛教文化进行排斥，而是大度地接受了佛教文化。佛教可以完全汉化，显然离不开儒家文化的大度包容。在中国许多著名的寺庙中，一殿、一庭、一山均供奉着儒、释、道的外部符号，这是中国传统文化包容性的一个缩影。

中国历史上不同文化的融合与交流表明：

第一，中国本土文化具有强大的生命力和凝聚力，不容易被外来文化消化或淘汰；同时，由于外来文化具有很强的包容性，最终会被中国本土文化所取代，融入自己的体系和框架，并逐渐被同化。

第二，外来文化之所以能在中国生根发芽结出果实，是因为中国社会对某种外来文化有需求。如果没有这种文化需求，外国文化就只能是中国文化门口的一个过客。

第三，中国本土文化也跨越了其他国家的文化，对东亚乃至世界的文明进步产生了积极而重要的影响。这一历史过程是一种跨文化现象，也可以说是不同文化的融合与交流。

第四，中国文化的发展需要外来文化的推动和刺激。佛教文化和现代西方文化都对中国文化的丰富和发展起到了重要的推动作用，为中国文化注入了新鲜血液。没有外来文化的融合和弘扬，中国文化不会如此丰厚。

如果说在过去，不同国家和民族之间的文化交流、碰撞和融合对这些国家和民族，仍有相当大的选择和自主权，那么在经济全球化的今天，他们的选择和自主权的灵活性日益缩小。一方面，这是因为面临的变化在广度和深度上都更加复杂、深刻和广泛。随着高科技通信技术的发展，世界各国之间的文化交流达到历史上前所未有的强度和规模；另一方面，西方发达国家依靠话语霸权带来的经济和技术优势进行文化殖民，推广和传播西方主流文化及其价值观，贬低甚至破坏发展中国家的历史文化，企图在全球化进程中，同化或边缘化发展中国家的历史文化。文化的主体性是有机结合的。作为一个发展中国家，我们的跨文化研究应该关注如何应对全球文化领域的严峻挑战。

第二章 跨文化视角下的中西传统伦理

第一节 西方意志主义的有为传统

与中国传统理论推崇有所不为的伦理立场不同，西方从古希腊开始就有非常执着于有为的精神。无论是从西西弗斯、普罗米修斯等的神话传说来看，还是亚里士多德的《尼可马可伦理学》开卷就论人生"两项必须有为的事"：幸福和至善的伦理学传统，凸显的无一不是人的生命不同于物的存在之处，在于能够对外部世界生成不断有为和超越的精神。这一思想经过文艺复兴运动的弘扬，到了近代还直接催生了意志主义的伦理学传统。

无论是在 19 世纪的叔本华、尼采，还是 20 世纪的萨特、弗洛伊德等人那里，都毫无例外地把道德看成是绝对属于意志以及情感、心绪、本能等领域的东西，道德的本质被归结为一种非理性的意志实现过程。在他们看来，没有意志以及由此派生的情感、心绪、本能等非理性的心理过程，道德就丧失了真实的基础。在他们看来，合乎道德的生活，恰恰是让意志完全有为地得以实现的生活。

叔本华认为，意志及其如何充分实现的问题本身就是伦理学的基本问题。叔本华曾批判地考察康德及其他思想史上一些有代表性学者的观点。在他看来，思想史上常常有人把幸福与快乐，或把理性、正义等视为道德的基础。他认为这"完全缺乏真实性"。道德的基础只能从人的生命意志中获得理解，"道德的基础在人性自身"。而人性的最基本表现就是利己主义的生命意志冲动，"因而，对于他自己，他是一切的一切。因为他感到在他的自我中间，一切都是真实的，没有什么比他自己的自我对他更为重要"①。由此，叔本华认为道德的基础根源于人的意志的充分实现。而公正、仁爱、同情等美德也都产生于这一

---

① 万俊人. 叔本华 [M] //周辅成. 西方著名伦理学家评传. 上海：上海人民出版社，1987：584-585.

意志。其中，美德可维护自身的生存发展，尤其是避免人与人的战争和灾害的来临。因此，美德往往表现为意志在某一瞬间的冲动中形成，人只能从直观而不是从理性、习惯、经验中获得这些美德。"美德必然是从直观中产生的，直观的认识才在他人和自己的个体之中看到了同一的本质。"① 而且，在叔本华看来，直观必然导致直接而当下的行动。这个行动不受道德和法律的制约，它只听从意志的直接召唤。

尼采的伦理观秉承了叔本华意志论的传统，但他又不满意叔本华只从生命冲动的角度消极地理解意志。尼采认为，世界的根本不在于生命意志，而在于强力意志。② 强力意志是支配世界和人类一切行为的绝对动力："一个生物首先追求的是释放它的力量——生活本身即强力意志；自我保存是间接的因而也是最经常的唯一的结果。"而这一强力意志的内容则主要表现为："追求食物的意志；追求财产的意志；追求工具的意志；追求奴仆（听命者）听从主子的意志。"③ 人生就表现为一个对强力意志不断的追求过程。道德的基础和实质也只能从这个强力意志过程得到解释："生命自身，本质上就是对陌生者和弱者的占有、损害和征服，就是对异己式样的镇压、残酷和强制，就是兼并或者最温柔地说，至少就是剥削，……它必将成为强力意志的化身，它要竭力生长，要取得土壤，把权势引向自己并获得支配权——这并非由于什么道德不道德，只是因为它活着，并且因为生命就是生命意志。"④

以这样一个对道德基础的理解出发，尼采必然要认为传统道德观念中的节制、善良、同情、仁爱、平等，恰恰是最不道德的，因它无助于生命个体强力意志的实现。而损害、征服、占有、残忍、镇压、剥削、兼并等却是道德的，因为这使生命的强力意志弘扬并在斗争和搏击的过程中进一步变得更强。可见，如果说在叔本华那里意志主义的道德学说开了先河，那么到了尼采这里意志主义的道德观则已完成了自己的理论论证。

弗洛伊德的精神分析理论不仅只是对病态人格心理进行分析治疗，这一理论还试图解释人类的某些文化和精神现象。因而，尽管弗洛伊德没有形成完整的伦理学说，但他对道德的起源及本质问题也作了极多的探讨和揭示，同样提出了诸多带有鲜明意志主义色彩的伦理观点。比如，与他的人格"本我""自我""超我"三建构理论相适应，弗洛伊德认为道德的本质源于"超我"的心理机能。也就是说，在弗洛伊德看来，道德源于人格中

① 叔本华. 作为意志与表象的世界 [M]. 石冲白，译. 北京：商务印书馆，1982：504.
② 这是尼采哲学的核心范畴，是他提出的一种伦理评价尺度。以往习惯译为权力意志。德文为 der wille zur macht，直译为"追求强大的意志"。为了避免误解，更多的学者主张译作"强力意志"。本节采用后一种译法。
③ 洪谦. 西方现代资产阶级哲学论著选辑 [M]. 北京：商务印书馆，1964：17.
④ 周辅成. 从文艺复兴到十九世纪资产阶级哲学家政治家思想家有关人道主义人性论言论选辑 [M]. 北京：商务印书馆，1966：875.

"超我"部分对"本我""自我"本能情欲冲动的心理升华。弗洛伊德曾这样解释道德品格的产生："所谓品格究由何物产生，超我必为其最重要的元素；其次要的元素当为对于父母及其他亲长的摹拟，及其后来拒绝不良冲动时所习得的反应习惯。"①

可见，在弗洛伊德那里，人的行为终究是受"本我"的冲动来支配的。"超我"对"本我"的压抑恰恰是精神障碍的终极根源。这就是说，道德品格首先是个人心理的产物，是"超我"对理想的一种自我追求；其次表现为对别人的摹拟；再次表现为对"本我"冲动压抑过程中形成的习惯。但是，弗洛伊德同时又强调这种心理习惯的形成不是理性的，而是一种本能的罪恶感促成的赎罪心理而导致的。因而他有时又称道德就是一种悔罪感，就是一种良心的赎罪。

人的本能要追求欲望的满足，追求快乐，但道德则对这个追求起压抑作用。"我欲为某事以求快乐，但复因良心不许而不为。或者我所受的诱惑力太大乃违反良心而为之，可是时过境迁之后，我乃大受良心的谴责而悔恨。"② 在弗洛伊德看来，道德正是从这一过程中产生，并作为一个心理情结而世代相袭。于是，道德的本质乃是本能在"超我"中的一种合理升华。这个本质不是理性的，也不是社会的，而是生物的本能（尤其是性本能）的合理宣泄。由此，弗洛伊德的结论是，人的一切道德行为都是爱欲的表现，即均受"生殖欲控制的"，③ 道德的本质也不过是生命本能欲望在心理活动中的升华。

可见，弗洛伊德对道德本质的理解是典型的意志主义立场，其"升华""合理化"的说法只是对道德表现形式的一种解释。也正因为弗洛伊德对道德本质理解的这一非理性的意志主义立场，所以在他那里，道德对人的行为规范往往就使人格处于焦虑、惶恐甚至变态之中，根本无法体验到理性主义揭示的"仁者不忧"（《论语·子罕》）的道德愉悦之情。

存在主义伦理学尽管不是从人的本能来理解道德本质，但同样对道德本质作了唯意志论的解释。无论是在基尔凯郭尔、雅斯贝尔斯、海德格尔，还是在萨特那里，道德的本质都被看成是人的存在与自由意志的体现。萨特明确宣称，人自己设计自己、自己创造自己，因而人的选择和行动不受任何外在的社会道德规范的规定，自由就是人的规定性，"除了自己以外，无所谓其他立法者。由于他处在孤寂之中，他必须凭自己决定"。④ 由此之故，存在主义尽管也承认每个人的行动不可避免地要涉及外部社会环境与他人的关系，因而会有一些基本的规范要遵循。比如，海德格尔称"共在"就是人必须要守持的东西。但这种"共在"却是每一个人自己选择的结果。人可以自由地选择或不选择这种"共

---

① 弗洛伊德. 精神分析新论［M］. 郭本禹，译. 上海：商务印书馆，1933：67.

② 同①42.

③ 弗洛伊德. 精神分析引论（第五册）［M］. 徐胤，译. 上海：商务印书馆，1930：32.

④ 萨特. 存在主义哲学［M］. 徐崇温，译. 北京：商务印书馆，1963：359.

在"。用雅斯贝尔斯的话表示就是"我选择，故我存在；如果我不存在，我就不选择"。①可见，道德的本质被存在主义理解为一种意志的绝对自由选择。但由于这种自由选择完全摆脱了外在必然性的限制，所以事实上这种道德自由正如萨特本人在《七十岁自画像》中感叹的那样从来未被真正地实现过②。

特别值得指出的是，自 20 世纪 80 年代以来，叔本华、尼采、萨特、弗洛伊德等人的理论形成的这一意志主义伦理思潮对改革开放的中国产生了极为巨大的现实影响。有学者曾经这样描述那个时候的大学校园："无论你是学文科的，还是学理工科的，如果你没有读过一两本尼采、萨特、弗洛伊德的书，你都不好意思开口说话，甚至萨特的剧目《肮脏的手》在剧院公演，一票难求！"③ 可以肯定的是，叔本华、尼采、萨特、弗洛伊德等人的思想对改革开放时期中国的影响是有其积极意义的，它提升了中国人的主体意识和行动能力。冯契先生认为，西方意志论传统自近代进入中国，对于修正传统伦理只讲自觉不讲自愿和自由的弊端也是很有启迪意义的④。但是，我们更想指出的是，今天在有无之辩问题上，当今中国强调文化理论的自信，可以说与西方的意志主义伦理学的消极影响同样是有着因果关联性的。正是因此之故，当下我们在文化自信的语境下，整理、评估和清算这一西方文化的消极影响无疑是非常必要的。

第二节　儒道的"天人合一"观

中西伦理文化在处理天人关系上有着截然不同的文化传统。如果要梳理和总结中国古代百家思想在天人之争中的共同立场，追求天人合一应该是一个共识。中国哲学史家张岱年认为，中国古代的天人之争主要有三种学说。一是道家的"任自然"之说，比如老子"道法自然"（《老子》第二十五章）及庄子认为的"不以人助天"（《庄子·大宗师》）的观点；二是荀子的改造自然之说，即"大天而思之，孰与物畜而制之？从天而颂之，孰与制天命而用之？"（《荀子·天论》）；其三是儒家的"辅相天地"之说："天地交泰，后以裁成天地之道，辅相天地之宜，以左右民。"（《易传》）在张岱年看来，荀子的学说更具研究价值，值得一提。荀子的确提出了"天人之分"和"人能胜乎天"（《荀子·天

① 石毓彬等. 二十世纪西方伦理学 [M]. 武汉：湖北人民出版社，1986：181.
② 萨特. 萨特散文 [M]. 沈志明，施康强，译. 北京：人民文学出版社，2009：233.
③ 梁晓声. 郁闷的中国人 [M]. 北京：光明日报出版社，2012：45.
④ 冯契. 中国近代哲学的革命进程 [M]. 上海：华东师范大学出版社，2016：22-23.

论》）的命题，但他认为这种思想并未占主导地位。事实上，以儒家、道家为代表的古代思想家竭力推崇对天道的敬畏之心，主张天人合一。在古代哲人看来，天与人、天与人性是相通的，所以通过合理的价值观，可以达到天人合一、和谐统一的理想状态。[①]

道家非常明智地把天人合一的思想建立在一个基本事实上，即自然对人是预先存在的，人依赖于自然。老子的名言"道生一，一生二，二生三，三生万物"（《老子》第四十二章）表达的正是这样的观点。在老子看来，万物，包括人的存在，都不是天地性质的衍生物，人必须与天地性质和谐相处。为此，老子的结论是"人法地，地法天，天法道，道法自然"（《老子》第二十五章）。庄子进一步论证了老子的这一思想，即"天地者万物之父母也"（《庄子·达生》）；"天地与我并生，而万物与我为一"（《庄子·齐物论》）；"吾在天地之间，犹如小石小木之在大山也。……号物之数谓之万，人处一焉"（《庄子·秋水》）。由此来看，庄子认为一个悟道的圣人必须是敬畏天地自然、懂得对自然要有所不为的人，即"圣人者，原天地之美而达万物之理，是故至人无为，大圣不作，观于天地之谓也"（《庄子·知北游》）。

道家的这一立场使自然的存在成为至高无上的、绝对的，从而反对人自身的实践对自然的利用和改造。其偏见是不言而喻的。先秦荀子批判道家"蔽于天而不知人"的错误（《荀子·解蔽》）。道家的天人合一观是片面的，但也是深刻的，在扬弃其偏颇之后，还可以转化为现代性的。其实，在关于人的本性和人对待自然的态度的争论上，以老子和庄子为代表的道家，要求人在与自然相处的过程中，保持自然之道和人性，提倡尊重自然并要服从和尊重自然的规律，而反对人的天地自然太有前途的想法显然是很有道理的。在当今时代，道家思想对于解决人与自然的矛盾对立、维护人与生态环境的动态平衡、反对极端人类中心主义的价值倾向，以及在世界观和方法论层面上的智慧启蒙都是不可忽视的。而且，道家的这一立场也得到了当代西方许多学者的认同。如英国学者李约瑟就高度赞赏"道法自然"思想内涵的现代性。值得一提的是，李约瑟呼吁西方社会在人们还陶醉于科技力量的时候，去关注古代的道家哲学。他《中国科学技术史》（第二卷）中指出：道家自然哲学的智慧，能减少甚至避免人们在与自然打交道时犯错。

与道家思想类似，儒家思想也具有天人合一的立场。但与道家不同的是，儒家主张尊崇天道，敬畏天命，同时强调以和平的方式治理世界，以实现其王道理想。因此，在天人之争中，如果说道家崇尚天道，那么儒家则更注重人性。然而，儒家对人性的关怀也是建立在对天道的尊崇之上的。这是儒家天人合一的观点。

例如，作为儒家主要经典的《周易》对天人关系就曾作如下的概括："夫大人者，与天地合其德，与日月合其时，与四时合其序，与鬼神合其吉凶。先天而弗违，后天而奉天

---

① 张岱年. 中国哲学大纲 ［M］. 北京：中国社会科学出版社，1982.

时。"这里明确提出人应遵循人与自然相统一的原则。如果我们追溯思想史，可以说孔子所倡导的知天命、敬畏天命的思想，是儒家天人合一观的最初奠定。关于善待自然，孔子在《论语·述而》中提出"钓而不网，弋不射宿（《论语·述而》）"。孟子继承了这一思想。他曾经与国君具体讨论过如何遵循天道仁民爱物——"不违农时，谷不可胜食也；数罟不入洿池，鱼鳖不可胜食也；斧斤以时入山林，材木不可胜用也。谷与鱼鳖不可胜食，材木不可胜用，是使民养生丧死无憾也。养生丧死无憾，王道之始也（《孟子·梁惠王上》）"。在"究天人之际"的先秦诸家思想中，儒家的这一立场显然更具现实合理性。

重要的还在于，儒家的这一敬畏自然的理念可谓绵延不绝。自孔孟之后，荀子提出了"山林泽梁，以时禁发"（《荀子·王制》）的法度设计，朱熹更是提出了"物，谓禽兽草木；爱，谓取之有时，用之有节"（《孟子集注》卷十三）的主张，均体现了儒家对待自然万物一以贯之的敬畏立场。

第三节　解决环境问题的中国智慧

马克思很早就论及工业文明所带来的自然环境问题。他曾这样批判资本主义工业化的大生产："它一方面聚集着社会的历史动力，另一方面又破坏着人和土地之间的物质交换，也就是使人以衣食形式消费掉的土地的组成部分不能回到土地，从而破坏土地持久肥力的永恒的自然条件。"[1] 为此，马克思憧憬这样的社会："联合起来的生产者，将合理地调节他们和自然之间的物质变换……靠消耗最小的力量，在最无愧于和最适合于他们的人类本性的条件下来进行这种物质变换。"[2] 而且，马克思将这一人与自然的和谐，视为是他心目中理想社会之本质规定的思想是一以贯之的。马克思在早期文稿中甚至将共产主义理解为："这种共产主义，作为完成了的自然主义，等于人道主义，而作为完成了的人道主义，等于自然主义，它是人和自然界之间、人和人之间矛盾的真正解决。"[3] 与马克思的立场相类似，恩格斯在西方工业文明尚蓬勃发展阶段，就曾告诫说："我们不要过分陶醉于我

① 马克思. 资本论：第1卷 [M]. 中共中央马克思恩格斯列宁斯大林著作编译局，译. 北京：人民出版社，1975：552.
② 马克思. 资本论：第3卷 [M]. 中共中央马克思恩格斯列宁斯大林著作编译局，译. 北京：人民出版社，1975：926-927.
③ 马克思. 1844年经济学哲学手稿 [M]. 中共中央马克思恩格斯列宁斯大林著作编译局，译. 北京：人民出版社，2014：78.

们人类对自然界的胜利。对于每一次这样的胜利，自然界都对我们进行报复。"① 事实上，在全球范围内，许多看似自然的灾难实际上还是人为的。如英国学者舒马赫认为，在西方文化背景下，人们通过科学技术和工业文明征服自然，这直接导致了许多令人震惊的自然灾害的发生，"现代人没有感到自己是自然的一个部分，而感到自己命定是支配和征服自然的一种外在力量。他甚至谈到要向自然开战时忘却了：设若他赢得了这场战争，他自己也将处于战败一方"②。

中国哲学史家钱穆曾经断言："'天人合一'观，是中国古代文化最古老最有贡献的一种主张""此下世界文化之归趋，恐必将以中国传统文化为宗"③。他尤其提出了西方文化中日益流行的消费主义问题。的确，就"以辅万物之自然而不敢为"（《老子》第六十四章）这一充分体现价值理性的立场来看，我们必须尽快摆脱消费主义的窠臼。也就是说，人类应该始终清醒地认识到人是属于自然的，人来自于自然，依赖于自然。消费主义在维护人与自然和谐方面明显缺乏自觉意识。我们可以看到，西方消费主义的盛行是西方社会科技力量的无限张扬与人们对自然的占有欲的无限膨胀相互作用的结果。因此，科学技术必然成为一种工具理性。人们盲目地认为，只要随着科学技术的进步，就必然能够在这个过程中改造和征服自然，从自然中获得人类需要的东西。再加上人类中心主义的价值取向，人们似乎觉得可以无限地消费这些来自自然的果实。事实上，无论是钻石、玉石、象牙、虎骨等奢侈品，还是高档红木家具，无论是鱼翅、熊掌等美食，还是游艇、高尔夫会员制俱乐部，今天的消费主义者津津乐道的东西，无一不是对自然的过度掠夺，自然的生态平衡因此被破坏，甚至直接导致了自然对人类的报复。

其实，当今世界许多天灾均为人祸所引发。著名西方马克思主义学者弗洛姆（Erich Fromm，1900—1980）（《老子》第六十四章）曾这样论述过这一问题："我们奴役自然，为了满足自身的需要来改造自然，结果是自然界越来越多地遭到破坏。想要征服自然界的欲望和我们对它的敌视态度使我们变得盲目起来，我们看不到这样一个事实，即自然界的财富是有限的，终有枯竭的一天，人对自然界的这种掠夺欲望将受到自然界的惩罚。"④ 正如电视上一则反对食用鱼翅的公益广告所说的那样，"没有消费，就没有杀戮"。我们也可以说，没有对钻石、翡翠、象牙等非理性的消费，就没有那些疯狂的开采和捕杀，因此，现代人有必要谨记"是以圣人欲不欲，不贵难得之货"，在消费观上学会放下非理性的追逐。

---

① 马克思，恩格斯. 马克思恩格斯选集（第4卷）[M]. 中共中央马克思恩格斯列宁斯大林著作编译局，译. 北京：人民出版社，1995：383.
② 舒马赫. 小的是美好的 [M]. 虞鸿钧，译. 北京：商务印书馆，1984：1-2.
③ 钱穆. 中国文化对人类未来可有的贡献 [J]. 中国文化，1991（1）：93-96.
④ 弗洛姆. 占有还是生存 [M]. 关山，译. 上海：三联书店，1989：10.

黑格尔曾经陶醉于人类借助于"理性的机巧"①来征服自然的能力。但是，这位自负地断言"中国古代没有哲学"的哲人忘记了这一"理性的机巧"一旦沦为工具理性时，它就会走向自己的对立面。中国古代以老子为代表的道家哲学为摆脱这一困境提供了价值指导。因此，从老子自然哲学的角度出发，我们迫切需要树立尊重自然、敬畏自然的消费观。这样，就世界而言，诸如气候变暖和异常、资源日益稀缺、物种退化和灭绝、空气污染等环境问题有望得到缓解。就当今中国而言，建设"环境友好型社会"的目标可能会因消费模式的合理构建而有了坚实的基础。

可见，当今世界在天人之辩上亟待走出极端人类中心主义的价值迷失，回到中华传统文化推崇的天人合一立场上来，否则环境问题的解决绝无可能。

以习近平总书记为主要代表的中国共产党人在谋求中华民族伟大复兴的新征程中，不仅总体上明确地提出了"以马克思主义为指导，坚守中华文化立场"②的文化建设方略，而且正以一种空前的文化自信将古老的天人合一之道做了创造性的转化和创新性的发展。党的十九大报告不仅明确提出"坚持人与自然和谐共生"的基本方略，而且还专列一章全面阐述了"加快生态文明体制改革，建设美丽中国"的一系列内容。习近平总书记指出，"既要创造更多物质财富和精神财富以满足人民日益增长的美好生活需要，也要提供更多优质生态产品以满足人民日益增长的优美生态环境需要"③。这就把生态文明建设也明确地列入了我们党"不忘初心、牢记使命"的伟大事业蓝图中，体现出了更宏大更宽广的执政情怀和治理视野。这事实上也是中国共产党向世界的庄严承诺：我们绝不把解决贫穷、发展经济同生态环境保护对立起来，更不会以牺牲生态环境来换取经济的发展。而且，作为世界上最大的发展中国家，我们还要为全球生态问题的解决发出中国声音，提供中国方案，作出中国贡献。

因此，我们有必要在环境问题日益凸显其严峻性、紧迫性和全球性的现实中，强调回归敬畏自然、推崇天人合一之道的传统伦理文化立场。这可谓置身文化自信语境下，我们对传统伦理文化之现代性价值开掘所得出的第二个结论。

---

① 黑格尔. 小逻辑 [M]. 贺麟，译. 北京：商务印书馆，1980：394.

② 习近平. 决胜全面建成小康社会 夺取新时代中国特色社会主义伟大胜利——在中国共产党第十九次全国代表大会上的报告 [M]. 北京：人民出版社，2017：41.

③ 同④50.

第四节 真善之异——中西传统伦理学的一种比较

伦理是关于善的，但它与真理有着不解之缘。从传统伦理学的角度看，中国的传统伦理学（我们这里指的是儒家伦理学）和西方传统伦理学作为善的理论都涉及真这个问题，然而，它们在处理真善关系上，却存在着根本的差异，这种差异直接影响着它们的伦理理论形式和价值取向，这使得它们成为两种截然不同的伦理学。本节将从道德对象、求善之道、评价之道三个方面探讨中西传统伦理的差异，以期帮助我们从本质上把握中西传统伦理的差异，为二者的互学互融提供一定的帮助。

一、道德对象：因善而真还是因真而善

道德客体是指伦理学应追求的终极目标"善"。中西方传统伦理学都赋予了他们的道德客体"善"某种真实的内容，但在如何处理真善的关系上又存在着差异，这些差异直接影响着他们对伦理主体性质的理解。从逻辑上讲，如果不是在伦理学上提倡道德的相对主义，那就或多或少会把善的理论赋予真的含义，也就是说，这种伦理学为了使自己的道德理论具有普遍意义，或多或少都会把自己的理论作为"客观"意义上的善的理论，"客观"的意义才是"真实的"。这种情况不仅存在于西方传统伦理的主流之中，也存在于中国传统伦理的主流之中。就中国传统伦理的主流而言，它是按照"天道—人性—人道"的路径来建构伦理的，从而把天道作为基本道德原则的最终依据。

就西方传统伦理学的主流而言，它循着"逻各斯—人性—道德"的路径来建构伦理学，从而把逻各斯作为基本道德原则的最后基础。例如，西方人认为合乎理性的生活是道德的生活，亚里士多德曾把思辨活动（智慧）看成是所有合乎德性的活动中占据首位的活动。人的理性生活之所以是道德生活，是因为它与世界的理性本质，即世界的理性，通过人性，是一致的。逻各斯作为客观世界的逻各斯，是客观普遍性的规律或尺度，将其作为基本道德原则的最终依据，也意味着基本道德原则被视为"客观的"普遍道德原则，从而具有现实意义。然而，中西方传统伦理在赋予善的理论真的含义的表面相似之下，却有着巨大的差异。

在中国传统哲学中，"天"作为一个本体概念承载着天道。那么，"天"是什么呢？天具有"人格神（上帝）""义理之天"和"自然之天"三重含义。首先，它是一个人格神。人格神的含义是天的最早含义，夏商时代的统治者自认为是上帝的后裔。其次，天也

是自然之天（自然之气）。荀子曾说："列星随旋，日月递照，四时代御，阴阳大化……是之谓天。"最后，天是义理之天（道德之理）。孔子曾把"畏天命"与"做君子"结合起来，已经给天赋予了某种伦理意义；《礼记·乐记》提出的"存天理灭人欲"的命题明确了天的伦理意义；朱熹认为"太极只是一个极好至善的道理"，它虽然"含有万理，而纲领之大者有四，故命之曰仁义礼智"。若把天看成是自然之天，那么，它就应该是知识或说"求真"的对象，它表明天的含义实际上是"真"；若把天看成是义理之天，那么，它就应该是道德或说"求善"的对象，它表明天的含义实际上是"善"。总体而言，天的含义包含自然之气与道德之理亦即真与善的两个方面。

二、求善路径：道德路径之外是否需要认识路径

客体决定了追求客体的方式或路径。中西方传统哲学对道德对象"善"的不同理解，直接决定了中西方传统伦理学对求善方式的不同理解。两者最大的区别在于，与中国传统伦理学仅将道德之路视为求善之路不同，西方传统伦理学进一步将"知识"即真理之知（知识）视为求善的重要路径。

在中国传统伦理学中，虽然不同的哲学家对人与天道的关系有各种具体的解释，但从儒家的主流观点来看，一般的逻辑思维是这样的：人道主义有别于天道，正是因为后天物欲的影响导致人道主义偏离天道，也就是说，后天物欲的"掩护"使人不同于他的天道（自然），因此，人类的道德使命是"去蔽"，即移去物欲对于本心（本性）的遮蔽，让本心（本性）恢复其最初的状态，换句话说，恢复其与天道的统一。那么，我们该如何去蔽呢？中国传统伦理认为，人的善有两种途径，即外在的道德教育和内在的道德修养。外部道德教育对于需要去蔽的人来说，无疑包括他主动向道德楷模学习，主动向道德圣人请教，更重要的是读圣人的书。

正如朱熹所说："读书以观圣贤之意，因圣贤之意以观自然之理。"（《朱子语类》卷十）其实，中国哲学史上所说的作为认识论的向外格物致知尽管也包含了求真意义上的向外格物致知的含义，但是，它更多的是求善意义上的向外格物致知，也就是说，它的目的在于穷尽作为善的对象的天理（天道）。

中国传统伦理学家提出了各种各样的修身养性的方法，例如：孟子提出养心，认为"养心莫善于寡欲"；周敦颐提出"主静"，认为"圣人定之以中正仁义而主静，立人极焉"；等等。在中国哲学史上所说的作为认识论的"返求本心"尽管也包含了求真意义上的返求本心的含义，但是，它更多的也是求善意义上的返求本心，也就是说，它的目的仍然在于穷尽作为善的对象的天理。它通过一系列的修养方法去追求本心，最终达到豁然贯通，顿悟到本心与天理的内在一致性。其实，无论是外在的道德教育和内在的道德修养，

它们虽然路径不同，但是，在本质上，它们的目的高度一致，即"除蔽"，"……剥落得一番，即一番清明。后随起来，又剥落又清明，须得剥落的净尽方是"。这种"除蔽"或者"剥落"，都是道德上的求善路径。

在西方传统伦理学中，在休谟和康德之前，哲学家们普遍接受德即是知识的观点，因此在如何求善的问题上，它除了也像中国传统伦理学一样，非常重视道德教育的外在和内在的道德文化（虽然它对如何进行道德教育和道德修养的理解与传统伦理学有很大的不同），也提出了独特的路径，即认识论，或为认识真理（知识）的路径。早在伊壁鸠鲁时代，他就认为善是快乐，幸福是"身体没有痛苦，灵魂没有烦恼"。那么，如何才能达到这种善的状态呢？他说，只有理性和知识，我们才能了解痛苦和困惑的原因，从而消除它们。

近代的培根认为，知识可以改良人的心灵，理性则能使人辨别善恶，所以，"真理同善的区别，就像印章同印文的区别一样，因为真理能够印出善德，而谬误的乌云却降下激情和骚扰不安的暴风雨来"。因此，从求善的路径来看，学习新兴的自然科学知识便是重要的路径之一。在西方传统伦理学通过求真而求善的问题上，斯宾诺莎的观点最为系统也最有代表性。斯宾诺莎把自己的主要著作称为《伦理学》，但他完成《伦理学》的方式，亦即《伦理学》的主要内容却重点是"以几何学方式证明"的认识理论；他宣称哲学的目的就是追求至善的生活，但又为至善的品格下了一个绝妙的定义："人的心灵与整个自然相一致的知识。"并说"天地间没有任何个体事物比起遵循理性的指导而生活的人对于人类更为有益"，"指向理解的努力乃是德性之首先的唯一的基础"。正如中国传统伦理学以人性为中介追求人道与天道的合一一样，斯宾诺莎的伦理学也以人性为中介追求人与实体的合一。在他看来，人作为实体表现之一，必须服从自然律，在自然律的决定下，他的本性就是自我保存。但是，为了实现真正的自我保存，就不能通过感性、激情来满足自我的欲望，它应该通过理性特别是通过理性对于情感、欲望的克制来实现自我保存，人的理性的自我保存正是人类区别于动物的根本标志。人一旦通过理性克制了情感、欲望，他就能够与自然律保持一致。这是一种至善状态。斯宾诺莎认为，知识是通向这一至善状态的路径。他把知识分为三种：其一，感性知识，它是由泛泛的经验或传闻得来的知识，这种知识并不是真正的知识而只是"意见"或者"想象"，所以，在这种知识下，我们并不能按照理性的方式去生活反倒受制于情感和欲望，它不能帮助人们认识实体走向善；其二，理性知识，它是通过推理得到的知识，尽管它是关于实体的知识，然而，它仅仅是间接的理性知识，它虽然让我们意识到应该通过理性克制情感和欲望，但是，它却"无力"帮助我们与实体真正保持一致从而走向善；其三，直观知识，它是直观实体而得到的知识，它是一种直接的理性知识，这种知识不仅帮助我们认识到了实体，而且有力量帮助我们与实体保持一致并爱实体，在这种与实体直接统一的情形下，对于情感和欲望来说，即使"不能把它们加以绝对消灭，但却至少能使情感只构成心灵的极小部分"。因此，直观知识是帮助人类走向善的最为重要的知识。根据斯宾诺莎的观点，随着认识论的深入，也就是说，随着人类知识从感性知识到理性知识再到直观知识的发展，人类越来越近地走向了至善，求真是求善的重要路径。西方传统伦理学通过求真走向求善的路径构成了西方传统伦理学不同于中国传统伦理学的一道独特风景线。

三、评价方式：道德知识之外是否需要事实知识

道德对象和求善方式（路径）决定着伦理学的特征，并且进一步决定着对道德行为的评价方式。在道德评价问题上，对人们的行为进行道德评价既可以从当事人的行为动机出发，也可以从当事人的行为效果出发（当然还可以同时兼顾两者）。一般来说，若从行为动机出发，那么，评价者只要具有道德知识（分辨善恶的知识）就能从事评价工作；若从行为效果出发，那么，除了必须具有道德知识之外，还需要具有事实知识（分辨事实真相、权衡利弊、比较大小的知识）。康德曾把西方传统伦理学分为德性论和幸福论（大致上相当于道义论和功利论）。在他看来，德性论在道德评价上主张动机论，所以，在德性论那里，道德是自明性的，也就是说，它不需要任何事实知识（至于道德知识，康德认为它是天赋的）。

但是，若从幸福论出发，我们便不得不关注行为的效果，亦即我们不得不关注行为是否真的为我们带来了幸福，以及带来的幸福大小，对此，我们必须借助于知识方能权衡行为的效果，从而做出正确的道德评价。所以，凡是带来真实而持久的好处的东西，如果要把这好处扩延到整个一生的话，都总是包藏在难以穿透的黑暗中，并要求有很多聪明使与之相称的实践规则，通过临时应变的例外，哪怕只是勉强地与人生的目的相适应。

在中西传统伦理学之真善之异的背景下，中国传统伦理学未能像西方传统伦理学那样把事实知识纳入伦理学的研究之中。这样一来，中国传统伦理学便缺乏了建构系统地进行道德效果评价的知识工具，这也使得它不可能建构系统地进行道德效果评价的理论。当然，在伦理学中，效果主义与功利主义相关，中国传统伦理学中功利主义不发达也是中国传统伦理学缺乏系统地进行道德效果评价理论的原因之一。但是，即使在那些功利主义伦理学家（例如陈亮、叶适）那里，他们的效果主义的道德评价思想依然十分零星，缺乏明显的知识参与。其实，在西方传统伦理学中，把知识运用于道德评价早在古希腊时代就已存在。苏格拉底的"美德就是知识"的"知识"其实既包含了道德知识也包含了事实知识，从事实知识的角度说，它在道德知识确定了何谓"善"（例如勇敢）的基础上，力图通过认知来权衡什么才是真正的善（例如勇敢）。苏格拉底在论证"无人自愿作恶"的问题时，认为人类不仅要权衡快乐和痛苦，甚至要进一步权衡快乐和痛苦的短期和长期的关

系，以及它们对于人生的影响。到了西方近代社会，随着功利主义伦理学的出现和发展，功利主义则进一步提出了系统的效果主义的评价理论。其中，边沁和密尔的理论最有代表性。例如，边沁把快乐与痛苦和道德上的善与恶对应起来。为了在快乐和痛苦中进行道德选择，以及为了在不同的快乐中选择更大的快乐和在不同的痛苦中选择更小的痛苦，他在把快乐和痛苦各分为 15 种（感官快乐、发财、权力、荣誉等，以及感官痛苦、穷乏、畏惧、怕神等）的基础上，根据苦乐自身（快乐和痛苦的强弱度、持续性、确实程度、远近）、苦乐产生的原因、苦乐的发动力（苦乐发动会否造成他人同样苦乐的机会）、苦乐的纯粹性（苦乐产生会否引起相反的苦乐感觉）、苦乐的范围（发动苦乐影响的成员有多少）等详细分析了快乐和痛苦以及它们的快乐和痛苦的程度，以期达到追求最持久、最确实、最切近、最广泛、最纯粹和最合算的快乐的目的。效果主义的道德评价就是对于道德选择之效果的评价，这些选择的复杂性和系统性直接决定着评价的复杂性和系统性。因此，道德选择理论的复杂性和系统性其实就是道德评价理论的复杂性和系统性。在这些评价理论中，不仅包含了复杂的道德知识的运用，也包含了大量的事实知识的运用，也就是说，它不仅体现了实践理性的智慧，也体现了理智理性的智慧。

第三章 跨文化视角下的中西伦理探索

第一节 跨文化传播带来的伦理冲突与理论探索

伦理传达的规则对文化和社会的持续存在至关重要。它们是预测未来的基础，因为人们共同努力建设和维护社会。伦理不是一成不变的，它是一个动态发展的过程。在跨文化交际中，不同文化的碰撞和融合会导致跨文化伦理冲突和危机。因此，跨文化传播学者应该确保跨文化背景下的伦理变化不会构成威胁，从而确保全球互动的新兴世界的稳定性和可预测性。确保这种伦理变革不构成威胁的最佳方式是通过对话。对话中不可避免地涉及跨文化交际中对错标准的讨论。是否存在一种适用于不同文化的普遍伦理？这可能是跨文化交际领域最大的争论之一。

一、伦理是文化互动的基础

价值观、道德和伦理是任何文化互动的基础。只有一种文化的成员承认这些准则，并在实践中遵守这些准则，人类社会才有可能存在。因此，当人们共同努力建设和维护社会时，这三个因素都是未来的预测因素。价值观、道德和伦理以书面或口头形式存在，它们传达的规则对文化和社会的继续存在至关重要。这些规则有助于创造一种稳定的气氛，使改变和适应过程更容易或更不具有威胁。

每当文化共识被打破时，往往是价值观、道德和伦理发生变化的结果。在这种情况下，把一个群体的概念强加给另一个群体并不罕见，甚至更糟的是，破坏那些不愿接受一套新的行为和互动标准的群体。还有一些破坏性的因素将一个殖民地文化或社会的价值体系强加给另一个殖民地文化或社会的价值体系，因为处于支配地位的主导文化将其他文化视为劣等文化，需要更好的价值伦理体系和更好的道德。在这种情况下，积极的人际交往，特别是建设性对话，就被流血、持续的怨恨和一代又一代的能源、资源浪费以及人类发展的障碍所取代。

与其认为文化、道德、伦理是不变的、一致的，不如有一个基本的概念：文化是变的，道德是变的，伦理是变的。然而，同样重要的是，如果文化和价值体系的发展和维持主要涉及为了人类生存而进行的变化和适应，那么就必须考虑如何以一种不构成威胁的、合作的和互利的方式进行这些变化。在这方面，传播学学者，特别是那些致力于跨文化传播和国际传播的学者，可以在这个问题上作出重要贡献。

当"对话"发生在跨文化或政治界限的时候，会有很多困难。当人们与不同的人相处时，差异会变得更加明显。这样一来，在同一种文化中已经存在的人际或群体沟通困难又增加了误解、抵触和严重冲突。

跨文化交流和国际交流需要仔细考虑价值观、道德和伦理体系，以支撑人与人之间的互动。年龄、性别、文化、地位和地理位置造成的差异只是其中一些重要的原因。在可预见的未来，寻求对话、共同明确和共同解决问题的办法是人类面临的最大挑战之一。这需要建立一种适用和可接受的价值和伦理制度，以保证在全球相互作用的新兴世界中具有一定程度的可预测性和稳定性。

二、伦理存在的行为基础

在国际传播和跨文化传播领域，人们关注的不仅仅是对现有伦理道德的描述，抑或是作为伦理道德体系的最终形式，也不仅仅是在现有体系中可以识别的文化、社会或个人因素，人们关注得更多的是应该构建、维护甚至破坏价值伦理体系的动态过程。

在过去较为稳定的社会中，社会秩序是一种预期的、共享的规范，其中包括伦理规范。我们受到传统和社区意识的束缚，随着人们越来越多地意识到并参与到与其他文化的人的日常互动中，意识到生活的变化，不安全感和混乱感就会产生。

沟通是我们处理、控制和管理变化的主要工具。沟通作为人与人之间的一种活动或过程，很难找到一个更明确的定义，就像人们聚集在一起完成任务一样，包括伦理和道德体系的建设和维护。同样重要的是，这些结构、组织、机构或制度一旦形成，就会对我们的合作方式产生深远影响。

跨文化交际学者倾向于关注具有不同文化背景的个人之间的互动，这些人不太可能成为自己文化的官方代表。另一方面，在许多国际交流中，个人可能没有不同的文化背景，但他们通常被任命或被视为代表。也就是说，他们不仅代表自己，还代表来自相同地理、种族、性别或文化群体的其他人。当来自不同背景的人相互交流时，应该提供手段，使他们能够以一种不具威胁性的方式进行交流。这种互惠互利的方法应该是跨文化交际学者关注的主要问题。解决情感问题和个人冲突尤为重要。

三、伦理冲突与伦理观的对立

在古汉语中，"伦理"的解释之一是："人伦、人际道德关系。"《现代汉语词典》对"伦理"的解释是："人与人相处的道德准则。""伦理"产生于人际交往的需要，又反过来规范人际交往。西方一些学者关于"伦理"（Ethics）的概念有着更为直白易懂的表述：伦理就是判断对错的尺度。

跨文化交际的研究不应该离开对跨文化交际是非的讨论。我们每个人都要做对与错的决定，而且可能每天都在这样做。举个例子，如果一个女孩问我她穿那条裙子看起来胖不胖，她确实胖了，我应该说实话吗？如果我在中国，我可能会说，不，因为即使人们知道我没有说真话，也没有人会把这种善意的欺骗上升到道德的高度。我只是在给我的朋友增加信心。但是在美国，我仍然说"不胖"，我想如果我的朋友知道了真相，他就不会再和我说话了，他会认为我不是一个真诚的朋友。例如，我应该在网络调查中投票给我的朋友或学生的视频吗？即使它真的不是比赛中最好的，只要我的朋友能赢得比赛。

当然，还有更重要的道德问题。有些道德原则是我们所有人都遵守的，即使我们没有意识到它们。问题是，如果我们真的不去思考指引我们的道德准则是什么，我们可能就不会受到最好的道德准则的指导。那么，世界上有没有最好的道德准则呢？也许在跨文化交流领域最大的争论是：我们能否将同样的道德维度或框架应用于所有文化？或者是否每种文化都应该有自己的标准。

上述争论对应这两种立场——文化相对主义（Cultural relativism）和元伦理（Meta-ethic）。文化相对主义坚持每一种文化由它自己决定什么是对什么是错；元伦理学认为存在某种可以适用于所有文化的至高无上的道德理想或道德体系。文化相对主义提出于19世纪末20世纪初，是在反对种族主义、文化殖民主义、理解和尊重落后国家的文化的背景下被提出的。该理论的核心人物梅尔赫尔斯科维茨认为："文化相对主义的核心是尊重差别并要求相互尊重的一种社会训练，它强调多种生活方式的价值，这种强调以寻求理解与和谐共处为目的，而不去批判甚至摧毁那些与自己原有文化不相吻合的东西。"简单说，就是承认并尊重不同的文化，并在平等的基础上交流。从词源上说，元伦理（Meta-ethic）的"元"来自于拉丁文，意指"在……之后""超越……之外"等。

四、普世伦理的探索

在"文化相对主义"和"元理论"之间做出选择并不像它最初看起来那么简单。如果我们说在后现代的多元文化世界中，每一种文化都应该有自己的道德立场，那么这与不同历史时期的文化实践是矛盾的。例如，人的牺牲，即使是自愿的，在不同的文化背景下，要么被认为值得赞扬和学习，要么被认为是愚蠢和不值得的。对于一些古老的或仍然遵守的习俗，如：丈夫去世时，妻子自愿跳进丈夫的火葬柴堆；人权活动人士和女权主义者尤其敦促废除压迫妇女的习俗，如割礼、拒绝接受教育等。然而，在许多情况下，来到这些村庄"开导"她们的人权活动人士只是发现，这些妇女感觉受到了保护，并完全接受其他人想要改变的文化标准。

如果有一种普遍的伦理，它是什么？第一种方式是有特定的道德原则指导跨文化行为。这一方法被用于指导关于适度战争的《日内瓦公约》，以及跨国家和文化边界开展工作的人权组织（和国家）。一些学者试图在不同文化中寻找相似之处。例如，大多数文化的伦理都反对无缘无故的杀戮，尽管在文化上什么值得杀戮可能会有所不同。问题是，什么是普遍的规范，谁能决定它。

这个问题在全世界都没有答案，但过去的理论可能会提供一些启示，"五个黄金法则"（"Five golden approaches"）可以帮助人们理解五种经典的伦理法则。

（1）黄金钱包（道德利己主义）。一种基于"什么是对我和我的群体（组织、国家等）最好"的方法，即谁有黄金，谁做决定，考虑一个决定和选择是有利还是不利。

（2）黄金后果（功利主义）。所谓"功利"，即它是"有用的"或"实用的"，它与利己主义的区别在于：这种做法着眼于大多数人的作用，旨在为尽可能多的人寻求最大的好处；一个人可以撒谎，可以暗杀某人，甚至可以在一个城市投氢弹，如果他做的事情被认为从长远来看有利于更多的人；在一种情况下对人们有益的东西在另一种情况下可能对他们有害，所以对错是有背景的。

（3）黄金法则（绝对必要的/神圣的权利）。这种方法认为，只有单一的对或错，不会因情况的不同而变化，我们通过使用逻辑来决定什么是对的。伊曼纽尔·康德认为，要么有对的事情，要么有错的事情，我们必须按照我们知道的正确的事情去做。例如，"如果每个人都这么做呢"，作为一条黄金法则，即使你周围的人都在这么做，那也是不对的，你不应该随大流。

（4）黄金法则。己所不欲，勿施于人。有趣的是，这个原则出现在许多宗教中，在人际交往和跨文化交际中，你希望别人怎样对待你，你就怎样对待别人；或者更好的是，用他们希望被对待的方式来对待他们。

（5）中庸。亚里士多德认为，在任何情况下，最好的选择是在极端之间或避免极端。

全球化时代跨文化交际的频繁和现代社会的交际理性意识，使人们倾向于尊重文化的主体性，例如"我不同意你说的话，但我誓死捍卫你说话的权利""尊重其他民族的文化特色""保持文化的多样性"等，这些似乎已成为现代社会人与人交流的普遍信条。也许这意味着一些共同伦理的假设，如信息自由、平等对话、恢复文化主体性、尊重文化的多样性等。然而，现实中的普世伦理建设却带有一些悖论，我们必须摆脱任何抽象的全球伦理，任何打着本质主义和普遍主义名义的伦理原则、文化霸权主义和文化建设，以互惠互利的合作与共同的文化创新过程，使人类文化的跨文化交流通过对话和获得新的思想资源，才能开始文化的创造过程。

第二节　中西生命伦理观与实践上的差异

一、敬畏生命上的差异

在西方文明的摇篮古希腊，早期的生命观是精神（灵魂）是不朽的，死亡可以使灵魂从肉体的束缚中得到升华。希腊人能够以平常心对待死亡，进而使他们有勇气面对人生的悲剧，追求人间的幸福，用生活来发展自己的个性。在《荷马史诗》中，从特洛伊战争归来的英雄奥德修斯在阴间遇见了死去的阿喀琉斯。阿喀琉斯说："我宁可活在世上，做一个一无所有的人的奴隶，也不愿统治所有死者的灵魂。"阿喀琉斯对生命的执着反映了古希腊人的生命观。希腊哲学家贬低人的身体，提倡人的精神和观念。苏格拉底说过，如果死亡是从一个地方转移到另一个地方，而那个地方住着奥尔弗斯、赫西阿德、荷马，那么他将很高兴在那里。塞涅卡认为，死亡是生命的必然，认识到死亡可以使人承受生命的痛苦，对生命的评价不是用生命的长短来衡量，而是以人类行为的高尚性为标准，所以人们应该过一种有道德的生活。斯多亚认为，每个对自己负责的人，都应该追求真正的生活幸福，享受生活；只有在他觉得死亡比他所面临的残酷生活更好的时候，他才有道德上的权利结束自己的生命。但随着基督教的兴起，人们相信生命来自上帝。

基督教文化认为，上帝按照自己的形象和意志创造了人，并赋予他支配万物的力量。生命来自上帝的创造，生命是神圣的，要崇拜上帝就必须热爱、必须尊重和珍视人类的生命。主宰生活的是上帝，而不是人。人不是自己生命的主人，任意剥夺自己的生命就是剥夺了上帝对人类生命的主权。根据《圣经》中生命的概念，人类应该尽最大的努力去保护上帝赐予的生命，而不能轻易地摧毁它。基督教的原罪论认为人生来就有原罪，人的一生是赎罪的过程，是受苦的一生。

在中世纪的欧洲文化中，基督教文化占主导地位，生命的神圣性观念深深地影响了人们的行为。人们在上帝的旨意下保持着对生命的敬畏，在一定程度上忽视了个体生命的质量和价值。欧洲文艺复兴和宗教改革批判了压制人性的制度，引起了人们对生命的重视，人道主义思想的兴起，对生命本质的放松和生命价值的提升起到了促进作用。人们可以用自己的力量去发现新的世界，去创造新的生活。社会不仅尊重每一个生命，而且要有获得幸福的道德实践，它奠定了西方社会以人为本的价值基础。中国文化深受佛教和儒家思想的影响。一方面，他们认为身体发肤受之父母，不可轻视，违背杀生戒会堕落三恶道。另一方面，儒家的"义""节操"观和佛教的"施舍"思想也深入人心，在社会实践中改变了人们的生命观。如果有必要为了众生的救济而牺牲自己，如果有必要维护神圣的信仰，那就有必要殉教。忠臣殉国、烈女为保贞操而殉节，死后仍可升天；因为被冤枉或受到不公正对待而自杀的人，死后很容易变成厉鬼，找替身报复。这种"舍生取义"在中国古代的官方和正统中得到了认可，因此对生命的蔑视在一定程度上得到了道德上的保护和传承。

道教以"重人贵生"为重要特点，主张人生是一种艺术般的人生——人诗意地盘居于大地上，过着诗意的生活，无拘无束，心满意足地享受生活。道家引导人看浩渺的自然和历史，从是非、得与失、荣辱中超脱出来。

随着社会的变化和物质的丰富，资本不断地追求利润，刺激着人们病态的物质享受欲望。人的生活意志不堪被物欲所挤压，因而严重分化。被物质欲望控制的人不仅对生命的意义不敏感，而且对同龄人也没有同情和怜悯。他们倾向于把自己的幸福建立在别人的痛苦之上。无论是在西方还是在东方，人类的传统文化和生命伦理都受到了挑战。宗教和世俗文化都面临着如何处理自杀、堕胎、安乐死和其他问题的困惑。

阿尔贝特·史怀泽（Albert Schweitze）是现代西方有广泛影响的思想家。他建立了以敬畏生命为核心的生命伦理学。他认为所有的生命都有生命的意志，都能感受到生命的存在，要求保存和发展自己的生命；然而，大自然不懂得尊重生命，包括人类在内的所有生命都只对自己对生命的意志负责，对其他生命有着可怕的无知。没有对生命的敬畏，人们就会被盲目的利己主义所支配，世界就会陷入黑暗。在这一点上，史怀泽这种敬畏生命的伦理原则，与道家庄子的"物无贵贱"或"物我平等"的思想非常接近。不同文化群体的价值观是不同的。尊重所有的生命是一个好理念，但人的存在是现实的，人们不可能平等地对待所有的生命。人们不由自主地根据与他人的关系来确定不同生命的价值，甚至为了生存必须消灭一些生命。但人必须有"自责"的意识，这种"自责"是对敬畏一切生命原则的一种妥协，是一种自觉。尊重生命的根本目的是培养人的道德本性。生活是教育的出发点和目的。教育的过程应该体现对生命的尊重和热爱。

二、生命尊严上的差异

在生命伦理学中，对生命的敬畏是第一主题。同时，我们也不应该否认，人类作为自然界的高级生物，应该享有一种特殊的尊严和庄严，即人的生命的尊严，它不同于事物和其他生命形式。因此，尊严在人类生命伦理学中扮演着重要的角色，甚至占据着中心地位。维护人的尊严和权利是每一种文化体系在讨论生物伦理问题时的共同理念。

毫无疑问，每个人都有权享有生命的尊严，不应附加任何其他条件，如道德品质、社会地位、社会关系、种族、性别、身体状况、遗传独特性、智力或身体能力。人的生命是无价和最高的，生命的尊严没有量的区别。然而，作为一个具有理性认识和丰富情感的社会人，尊严还具有心理和社会属性。心理尊严和社会尊严是建立在人的文化素质、健康状况、心理智力、社会地位和自尊意识等后天属性的基础上的。这些属性是动态的、历史的和变化的。

在古希腊荷马时代，神话的最大特征就是"神与人同性同形"。他们相信神是人类的完美化身。神不仅有人的形象，也有人的感情和经验。少数人通过自己的努力拥有了一种美德，他们可以得到与神同样的尊严。公元前 5 世纪至公元前 4 世纪伯利克里时期的希腊思想家肯定人的价值，否定神的意志的作用是衡量一切的标准，确立人的尊严。基督教的兴起和传播赋予人的尊严以新的内涵。基督教对人类尊严的讨论具有两重性。一方面，因为人是上帝按照上帝自己的形象创造的，所以他具有上帝的荣耀，因而具有人性的尊严。另一方面，原罪是出于上帝的旨意。人的自由意志可以选择邪恶或善良，只有当它选择善良时，它才会受到赞赏。换句话说，人的尊严在于能够根据自由意志作出选择，并对这些选择负责。这种思想影响了西方社会一千多年。即使是文艺复兴时期最著名的思想家皮科·德拉·米兰多拉也坚持认为：人是世界舞台上最值得赞叹的，是上帝允许人类根据自己的意愿和判断获得自己想要的地位、形象和功能，这种选择的天赋正是人的尊严所在。一些学者认为，人的尊严不是上天赐予的礼物，也不是人与生俱来的权利，而是共和国赋予公民的一种公共价值。

在一个以平等为基础的现代民主社会中，"优秀的尊严属于少数人"的观念与平等、公平、自由和宽容的民主理想不一样，不可能被广泛接受和承认。道德尊严可以由大多数人获得，而不是仅由少数具有天赋、才能的人付出努力才能获得。这一理念承认了个体对自己思想和行为的自主性，既明确了生命尊严的自然性，又保证了个性的解放和个性自由的积极内涵。佛教从佛性的角度表达人的尊严。因为每个人都被赋予了佛性，人天生就有人性的尊严。然而，佛教的教义强调人与我并重，建立良好的关系，帮助他人，惠及众生。

儒家伦理作为中国传统文化的思想渊源，人性被赋予了极大的尊严，《礼记》："人者，天地之心也，五行之端也。"况且并不独儒家学说以之为然。例如道家的《老子》有言："道大，天大，地大，人亦大。域中有四大，而人居其一焉。"但是，儒家思想本质上是一种等级秩序，礼的主要内容是确立尊卑贵贱。

社会物质文化的发展为人的尊严的实现提供了前提和基础。没有丰富的物质基础，人的生命和健康就得不到保障，人的尊严也就无从谈起。如果没有平等、公平、自由和宽容的社会意识和主观价值观，人的尊严就失去了实现的保障力量。随着历史的变化、社会的发展和物质的丰富，人的尊严的内涵也在不断丰富，对尊严的需求也在不断增强。在马斯洛的需求层次理论中，金字塔底层的物质需求和安全需求与生命尊严密切相关，金字塔上层的尊重需求与心理尊严和社会尊严直接相关。对更高层次尊重的需要，实际上是对心理尊严和社会尊严的需要。如今，人们除了捍卫伴随生命诞生的生命尊严之外，更多的是在争取对个性和自由的尊重。一个现代化的民主社会必将给人民以最大的尊严，使他们过上更幸福和更有尊严的生活。尊严是人的一种自我意识，是社会反映的一种客观条件，是与个人建立社会关系的他人、群体和社会对个人价值的认可和尊重。它是人全面发展的动力源泉，具有突出的个体差异特征。自由意识是尊严的一个方面，个体差异由此产生。自由意识赋予每个人发展自身才能的无可争辩的权利，使人的自主性、独立性、主动性和创造性得到充分发挥。个体差异并不意味着不平等的生命尊严。

第三节　全球化时代的跨文化传播伦理构建

本节从世界主义的角度，分两部分阐述了全球化时代跨文化传播伦理的基本构想：第一部分结合文献研究了相关学者对信息传播和文化交流的研究，并分别进行了探讨和质疑。第二部分试图从"交际"的角度，在对他人和自我的认知中建立有效的交际语境，重新释放世界主义和民族主义理论在跨文化交际伦理学中的解释力。

一、世界主义的张力与跨文化传播的底线伦理构想

（一）世界主义与普世性跨文化传播伦理

世界主义坚持这样一种伦理观念：首先，就道德关怀的对象而言，把人的个体和整体

视为最根本的价值目标和道德关怀的终极单位，每个人都具有相同的道德地位和价值秩序。其次，就伦理学的价值主体而言，所有个体都被视为普遍意义上的世界公民，作为世界公民的个体之间的关系是先天的、自由的。在全球化时代，世界主义理论在跨文化传播伦理学中的应用，主要体现在对信息传播和文化传播过程中的"普世责任"以及"共有价值"的探讨。

就信息传播而言，世界主义主张打破信息壁垒，确保信息在各地自由流动，从而在跨地区、跨国界的传播过程中实现普遍的道德关怀。就文化交流而言，依托于全球化时代产生的"生产-消费"模式开始在不同文化地域的群体中建立起日益紧密的全球性依赖关系，世界主义逐渐成为一种文化意识，人们越来越意识到自己不仅仅是在一个特定的地区，更多的是在整个世界。具有普遍色彩的世界主义视角要求将一定的文化真理或文化共识作为不同文化环境中的个体或群体进行交流时的伦理基础。

世界主义帮助人们超越狭隘的地方利益，防止地方利益排挤我们对远方他人的责任。然而，作为一种普遍的、全球性的伦理要求，将其应用到跨文化传播伦理中，不可避免地会招致质疑和批评。

第一，质疑世界主义以及建立在世界主义之上的全球伦理的乌托邦性质。虽然不同文化之间有共同的道德准则，但现实生活的复杂性决定了一种固定的道德和伦理规则不可能适用于所有的特殊情况。

第二，即使在全球化的背景下，信息和文化的传播也不应该是"全盘世界化"。不同的群体对信息传播的内容、形式和价值需求都有不同的需求。世界主义过分强调信息的普遍应用，而忽视了不同信息传播方式对不同对象的有用性，失去了传播的有效性。

第三，从跨文化交际的角度看，世界主义的结果不是"全球化"，而是地区权力和霸权的扩张。

（二）底线伦理的启发及跨文化传播伦理困境

世界主义所引发的质疑和批判，实际上揭示了全球化时代跨文化交际的现状。这种理论对抗反映了该领域学者的理论担忧：一方面，他们担心在全球信息传播和文化交流中，大多数处于劣势国家将成为"世界上的他者"，在这个权力场域中无法发出自己的声音；另一方面，他们担心这些政治或文化团体会成为"权力者的他者"，这意味着他们的声音会被听到，但却是帮助权力操纵者发出的声音。因此，如何避免世界主义的弊端，在满足世界主义提出的普遍关切要求的前提下，尽量不损害信息和文化利益，就成为亟待解决的问题。在这种情况下，以限制世界主义的优先性和有效范围为目标的底线伦理学为解决上述传播伦理问题提供了启示。

受世界主义理论基本思想和"同胞偏爱"的启发，牛静提出了次序性底线伦理思想：

以最低限度的全球媒介伦理为基础，保障该全球媒介伦理准则的道德优先性。"只要媒体从业者的'特殊义务''同胞偏爱'不超出这些道德界限，就完全可以接受。"

同样，从这个角度也可以构建更广泛的跨文化交际伦理。底线伦理学要求以世界主义的责任为优先，传播的参与者在满足自己的文化偏好之前，必须遵守共同的文化规范，承担普遍的社会责任。然而，这样一个底线的伦理观念似乎并不能很好地回答世界主义所面临的问题："它不应该全球化。"激进的文化相对主义者仍然可以指责所谓的世界主义主张扼杀了一种特定文化的自主发展。同样困难的是"不够全球化"的问题。

二、重构底线伦理的可能

要解决上述问题，最关键的是要将游离的身份固定下来。在跨文化交际中，身份总是处于交往互动基础上对自我和他者的确认过程。因此，我们需要从传播的角度重新认识和理解世界主义的精神内核。

哈贝马斯注意到了交往的重要性及其巨大效力。他将目的行为、规范行为、戏剧行为和交际行为进行了归纳，认为交际行为在本质上比其他行为更合理。哈贝马斯主张协商与对话，强调"自我"是在与"他者"的相互关系中得到凸显，强调"自我""主体"的核心意义是他们的主体间性，即与"他者"的社会交往。

（一）作为理解-合作原则的世界主义

沟通与交流具有跨文化的性质，它本身就包含着一套完整的走向世界的精神。传播视角下的世界主义要求打破封闭的藩篱，在相互尊重的前提下，建立一个相互交流的平台，促使他们相互了解和学习，在通向世界的过程中聆听他者的声音，了解异质的文化特征，明确自己的身份和地位。传播视角下的世界主义既强调融入世界的必要性，同时也强调融入世界的姿态问题：对跨文化传播而言，融入世界是必需的发展过程，但更重要的是在与其他民族交流的过程中坚持理解与合作的原则，这一原则包含了一套严谨的论证、澄清和不断反思的要求。哈贝马斯认为，沟通过程的合理性植根于主体间相互承认的规范基础上的论证和检验实践，其合法性也表现在解释和澄清中。

（二）"底线伦理"重申：次序与程序的基本原则

世界主义的问题主要集中在平台准入、秩序保障等方面，达成共识的过程和结果，以及传播主体的参与能力和意愿，都是需要严格检验的对象。因此，需要提炼"底线伦理"的新视角，将这一套规则运用到传播主体的传播过程中，为其传播行为制定具体的原则和规范。

（1）次序性原则。这一原则意味着世界理解–合作原则具有优先性。一种传播与对话的世界主义在不断的自我批判与反思中保持着相对的灵活性。它不再拘囿于某一恒定不变的"文化真理"，而是通过相互交流、不断解构和重构"文化真理"，从而在特定的时空中达成一种具有约束作用的共识。

（2）程序性问题。"底线伦理"的意义不仅在于世界主义的优先性，还在于对传播过程中的一些基本规则作出最基本、最"底线"的保障。具体而言，它涉及如下几个内在的要求。

首先是参与者的要求。参与者应力求真实、正确、真诚。他们应该本着相互理解和合作的原则，努力解决不同文化传统之间的差异和冲突，从而达成共识。

其次是平台建设的要求。一个良好的跨文化交际伦理体系还需要一个平等、开放的对话平台，保证所有参与者在解释和论证、提出主张和建议方面都有平等的权利。

最后，是对伦理关怀的终极要求。由于作为跨文化传播主体的国家具有"两副面孔"，外部的多样性并不能保证国家内部文化环境的健康性。在单一国际平台无法解决问题的情况下，"双重对话平台"就显得十分必要。在各种维度错位的全球化时代，正是作为国家参与者的个体利用不同的经验组合构成了文化多样性的现实。因此，跨文化交际伦理关注的是对文化多样性的一切关注，归根到底是对人的终极关怀。

社会现实反思性地建构了跨文化交际的图景，因此有原则的伦理建构必须有回归现实批判的可能性。世界主义是单一矛盾与多元矛盾的统一，它们的冲突性往往被凸显出来，而世界主义统一性的假设和文化力量的不平衡对比可能使文化相对主义取代世界主义的多样性意义。

跨文化交际是一个动态的过程，它取决于每个交际参与者和个体的跨文化交际态度和行为。因此，本节强调寻求理解的重要性。跨文化交际应该是一个相互承认和接受的过程。

第四章　跨文化视角下的
马克思主义伦理思想

第一节　弗洛姆的人本主义伦理思想

埃里克·弗洛姆1940年5月加入美国籍，他的后半生都是在美国度过的。弗洛姆是德国法兰克福学派的重要代表人物。国籍的变更并没有使弗洛姆改变其马克思主义的信念和立场。鉴于此，本书将弗洛姆作为一位美国的新马克思主义者来看待。弗洛姆的新马克思主义伦理思想具有鲜明的人本主义特征，它属于现代西方人本主义的范畴。

一、弗洛姆人本主义伦理思想的理论渊源

弗洛姆的知识背景比较复杂。早在法兰克福大学和海德堡大学就读时①，他就对法学、心理学、哲学、社会学、经济学、历史学、政治学等学科的知识和理论有广泛涉猎。在海德堡大学就读期间，他接触了马克思学说，并对其表现出浓厚兴趣。1925年至1927年，他到德国慕尼黑大学，师从威廉·维腾伯格，专门学习精神分析学和心理学。从此以后，他还得到卡尔·兰道尔、汉斯·萨克斯等德国著名精神分析学家的指导。弗洛姆的学术志趣很广泛，但他的主要兴趣在精神分析学和心理学上，这使得他的人本主义伦理思想具有鲜明的精神分析学和心理学理论特征。

弗洛姆的人本主义伦理思想主要建立在以下三种理论基础之上。

---

① 弗洛姆1918年考入德国法兰克福大学，但他仅仅在该校学习了两个学期的法学，此后便转入海德堡大学学习心理学、哲学和社会学。

（一）西方的人本主义理论传统

西方具有历史悠久的人本主义理论传统，人本主义在西方发展的根基在古希腊时期。苏格拉底、柏拉图、亚里士多德等古希腊哲学家把伦理学、政治学等学科视为研究"人事"的科学，并且以关注和研究人生的意义和价值问题作为这些学科研究的终极旨归，因而古希腊的人文社会科学具有浓厚的人本主义特征。进入资本主义时代后，人本主义在西方得到广泛而深入的发展，但它在 19 世纪中叶存在一个分水岭。在此分水岭之前的西方人本主义研究抽象的人，并且大多是哲学思辨性的研究，被学术界称为传统的人本主义。19 世纪中叶之后，尼采、弗洛伊德、雅斯贝尔斯等人本主义者放弃了西方传统人本主义研究方法，转而从心理学和精神分析学的角度与层面来研究人生的意义及价值问题，这导致了现代西方人本主义的出现。现代西方人本主义与西方传统人本主义的根本区别在于，前者注重从人的心理世界来探析人类对现存世界及其自身的存在状况的体验，而后者注重从哲学的角度对人类与现存世界的关系展开思辨性研究。弗洛姆的人本主义大体上是从尼采、弗洛伊德等人开创的现代西方人本主义中延续下来的；或者说，他的人本主义属于现代西方人本主义的范畴。

（二）弗洛伊德的精神分析理论

精神分析理论是由奥地利精神科医生弗洛伊德于 19 世纪末 20 世纪初创立的，它是心理学的一个重要分支。精神分析理论是现代心理学的奠基石。初创之时，该理论主要被用于临床心理学研究，但它的影响并没有局限于该领域，对心理学乃至西方人文科学的发展产生了非常广泛的影响。弗洛伊德的精神分析理论包括：（1）精神层次理论。该理论探析欲望、冲动、思维、幻想、判断、决定、情感等人类精神活动，认为它们会在人的不同意识层次里发生和展开。人的意识层次包括意识、潜意识和下意识三个层次。这三个层次的意识如同深浅不同的地壳层次，被弗洛伊德称为精神层次。（2）人格结构理论。弗洛伊德把人的人格结构分为本我、自我、超我三个部分。本我是指原始的自己，即原我，它指人具有生存所需的基本欲望、冲动和生命力。本我是人的一切心理活动的能量之源，它活动的原则是趋乐避苦的快乐原则，所以它不接受社会道德和外在行为规范的制约。超我是身处社会中的"我"，是有良心或良知的"我"，它要求自我借助社会道德和其他社会规范抑制自我的欲望。自我是现实的我，它是能够调和本我与超我的力量，能够使"我"在现实环境中采取适当的行动。（3）性本能理论。弗洛伊德认为，人一切精神活动的能量都出自本能。人类最基本的本能有两类：一是生的本能，二是死亡本能或攻击本能。本能是个体行为得以发生的内在动力。（4）释梦理论。弗洛伊德对人类做梦的现象颇有研究。他认为人的心理活动都基于因果关系而发生，作为人的心理活动的一种重要表现形式，梦也不例外。梦是通向人的潜意识的一条秘密通道。通过释梦可以探察人的内部心理，探察人潜意识中的欲望和冲突。释梦还可以治疗神经病症。

弗洛姆深受弗洛伊德精神分析理论的影响，国内外学术界有许多人称其为新弗洛伊德主义者。弗洛伊德创立的精神分析理论在西方社会影响广泛。在他之后，奥尔波特、马斯洛等西方著名心理学家都试图以自己的理论范式发展弗洛伊德的理论。弗洛姆是这些西方心理学家中的杰出人物。他与众不同的地方在于，他试图用马克思的理论来补充和发展弗洛伊德的精神分析理论，并提出了强调创制型人格的人本主义心理学理论。他在自己的著述中多次坦承自己与弗洛伊德之间的理论渊源。

（三）马克思学说和法兰克福学派的新马克思主义理论

弗洛姆还深受马克思学说和德国法兰克福学派的新马克思主义理论的影响。他认为马克思学说主要有四个维度：（1）批判的维度。马克思对旧的思想和理论体系多持怀疑和批判的态度，对现实社会也持怀疑和批判的态度，他的所有学说都内含强烈的批判精神。（2）真理的维度。马克思坚信真理的实在性，认为真理是一种能够帮助人类获得自由的解放力量，强调真理是引发社会变革的重要武器，但他同时认为一切观念真理都必须通过社会实践才能得到检验。（3）人本主义理论。青年马克思曾经非常推崇人本主义。事实上，人本主义自始至终都是马克思批判资本主义社会的重要武器。他批评资产阶级的残暴，对无产阶级则满怀感情，他甚至把人的全面自由发展作为人类理想社会的内在价值目标。（4）辩证的研究方法。马克思是辩证法的倡导者。他认为人类社会与自然界均按照一定的辩证法则和规律运动。在从心理学角度探析个人与社会的关系问题时，弗洛姆反对弗洛伊德将两者之间的关系视为冲突对立关系的观点，认为个人与社会之间是一种既对立又相互依存的关系。可见，弗洛姆不仅对马克思学说深有研究，而且深受其影响。

法兰克福学派的社会批判理论对弗洛姆的影响很大。作为 20 世纪一个颇有影响的西方哲学流派，法兰克福学派因为提出特别富有批判性的社会理论而著名。该学派是由德国的法兰克福社会研究所在二十世纪三四十年代创建的，其主要代表人物是霍克海默、阿多诺、马尔库塞、哈贝马斯等著名哲学家。希特勒上台后，法兰克福社会研究所曾先后迁往日内瓦、巴黎等地。第二次世界大战爆发后，它因为许多德国哲学家移民美国而迁往纽约。1950 年，该研究所的一些成员返回联邦德国重建法兰克福社会研究所，而其他成员则继续留在美国开展理论研究工作。

法兰克福学派是一个新马克思主义学派，它在理论上和方法论上旗帜鲜明地反对实证主义。它的思想和理论来源十分复杂，其中的一些人接受的是青年黑格尔派 M. 施蒂纳等人的传统，有些人坚持的是叔本华、尼采和狄尔泰的非理性主义思想，有些人信奉的是新康德主义、韦伯的"文化批判"和社会学理论。不过，他们中的很多人深受马克思和卢卡奇的影响。该研究所在借鉴丰富多彩的思想和理论基础上建构了一套高度体系化的批判理论，它的根本宗旨是对资产阶级意识形态进行深刻批判。20 世纪 30 年代，由于西方资本主义国家的工人运动陷入低潮，加上法西斯主义在欧洲大陆很猖獗，法兰克福学派不仅抛弃了相信无产阶级具有强大革命潜能的信念，而且认为工人阶级意识具有否定作用。从此以后，法兰克福学派从批判资产阶级意识形态转向对一般意义上的意识形态展开批判。

作为法兰克福学派的一个重要成员，弗洛姆的批判理论主要集中于批判人的品格结构和心理结构。也就是说，他的批判理论主要是从精神分析理论的角度展开的，他强调的是"心理批判""心理革命"。这种批判在一定程度上补充了法兰克福学派其他学者推崇的社会批判理论和社会革命理论。另外，弗洛姆对弗洛伊德的精神分析理论进行了改造，将弗洛伊德的个体心理学转变成社会心理学，这种"改造"为弗洛姆的"批判"提供了新的武器。在很多时候，他是从人的社会心理结构方面来对资本主义社会展开批判的，并以此为基础来探讨人的解放问题、自由问题和全面发展问题。

从马克思学说和法兰克福学派的新马克思主义理论中获取思想与理论资源，并在此基础上进行富有创新性的理论建构，这是弗洛姆能够成为一位新马克思主义者的最重要的原因。他坚持马克思和法兰克福学派的主要思想与理论，同时用精神分析理论来补充他的马克思主义思想和理论素养，因此，他能够在发展新马克思主义伦理思想方面作出独特的贡献。

二、弗洛姆对"逃避自由"现象的伦理分析

"自由"是西方资产阶级为资本主义社会设立的一个核心价值目标，它在资本主义核心价值观念中居于首要位置。客观地看，进入资本主义社会之后，西方人所享受到的自由是奴隶社会的奴隶和封建社会的农民无法设想的。他们获得的人身自由、意志自由、思想自由、言论自由和宗教信仰自由是空前的。这不仅说明资本主义社会的自由状况确实比奴隶社会和封建社会好，而且说明资本主义社会确实具有需要肯定的历史进步性。马克思曾经就在《共产党宣言》中明确指出："资产阶级在历史上曾经起过非常革命的作用。"这是指，"资产阶级在它已经取得了统治的地方把一切封建的、宗法的和田园诗般的关系都破坏了"。资产阶级用资本主义经济基础和上层建筑取代了以等级制为根本特征的封建等级关系，这不能不说是一种巨大的历史进步，但这并不意味着资产阶级建立的资本主义制度就是最好的社会制度，也不意味着资本主义社会就是最好的社会。资产阶级虽然无情地斩断了一切束缚人与自然长辈的封建关系，但是除了赤裸裸的利益和无情的金钱交换之外，没有留下任何人与人之间的联系。特别是，它把人的尊严变成了一种交换价值，用一种不合理的贸易自由取代了无数特许的和自力挣得的自由。总之，它用公开的、无耻的、

直接的、露骨的剥削取代了被宗教和政治幻想掩盖的剥削。

马克思对资本主义社会的批判是深刻的，也是合乎事实的。西方资产阶级在建立资本主义制度和资本主义社会之初将"自由""平等"和"博爱"确立为资本主义核心价值观念，并且时时刻刻用它们来标榜资本主义社会与奴隶社会和封建社会相比较的优越性。虽然这些资本主义核心价值观念的确立确实在一定程度上有利于在西方资本主义社会维护人与人之间的自由、平等和博爱，但是由于资本主义社会本质上仍然是以阶级压迫和阶级剥削主导社会生活的社会，居于统治地位的资产阶级凭借手中掌握的资本力量，能够对广大无产阶级进行残酷无情的阶级压迫和阶级剥削，置身于资本主义社会的无产阶级真正能够享受到的自由、平等和博爱其实是很有限的。

自由问题是一个资本主义社会无法解决的问题。在资本主义社会，真正需要自由的人是那些处于被统治地位的无产阶级。对此，新马克思主义者弗洛姆是深有认识的。欧洲和美国近代史的中心是人类从政治、经济和精神的束缚中寻求自由。争取自由的斗争是由渴望自由的受压迫者发起的，反抗那些维护特权的人。在资本主义社会秩序中建立起来的，只有那些不得不摆脱资产阶级的新统治、压迫和剥削的无产阶级才会继续为自由而斗争，而在持续不断的长期的自由斗争中，那些在反对压迫中取得胜利的阶级，往往在赢得胜利和需要维护新特权时又变成了自由的敌人。

自由是人存在的特征。人类在地球上生存和发展的历史首先是通过人类与自然界的一体状态来体现的。这种一体状态就是弗洛姆所说的"原始纽带"或"始发纽带"。所谓原始纽带或始发纽带，就是人类没有将自身与其他自然存在物区分开来的状态。人类争取自由的过程首先表现为人类努力从原始纽带或始发纽带摆脱出来的过程，弗洛姆称之为"个体化"过程。虽然原始纽带使人类无法与其他自然存在物区分开来，但是它能够给人类提供一种安全保护以及与外部世界连为一体的基本条件。原始纽带能够在人类身上不断得到延续。按照弗洛姆的看法，它在文明时代的人类身上的表现就是儿童在幼小的时候没有从母亲的保护中脱离出来的状态。

弗洛姆认为，在"个体化"过程中，人的自我力量日益强化，但人的孤独感也日益加剧。随着个体化的深化，人会意识到自己是与他人、世界分离的个体。个人独立存在，这意味着他与世界分离，只有与世界相比，个人才觉得世界强大无比，能压倒一切，并且给个人带来重重危险。因此，在强大的世界面前，个人会产生一种无能为力感和焦虑感。在弗洛姆看来，虽然幼小的儿童是不自由的，但是他们没有人之为人的孤独感，而人一旦长大成人，就形只影单，只能独自面对世界各个方面的危险和强大压力。弗洛姆试图强调，人类一方面渴望自由，但另一方面也可能会逃避自由。如果说人类在追求自由的过程中最终得到的是孤独，那么人类就可能产生逃避自由的心理机制。这就是弗洛姆所说的"逃避机制"。这种逃避心理机制的形成是人类试图获取自由的表现，但它并非积极意义上的自由，而是消极意义上的自由，即通过摆脱本能束缚的方式获得的自由。

人类的个体化过程一旦开始就不可能停止，因此始发纽带一旦切断，便无法重续。个体化过程的不断深化必然将人类投入一个需要在自由和不自由之间进行抉择的生存状态，它使人类处于一种不得不与周围世界打交道的状态。他人时刻在身边，世界时刻在身边，人类与世界的联系总是实际地存在着。在这种生存状态下，人类是以积极的态度与周围世界发生联系，还是以消极的态度与周围世界发生联系呢？解决个体化的人与世界关系的唯一可能的创造性方案是：人积极地与他人发生联系，以及人身自发地活动——爱与劳动，借此而不是借始发纽带，把作为自由独立的个体的人重新与世界联系起来。

对人类来说，个体化过程既是自己摆脱始发纽带的过程，也是自己投入世界的过程，而人类一旦被投入世界现实中，就会发现世界会成为自己生存的条件。在与世界现实相联系的过程中，人类已经难以借助消极的态度来获取自由，只能通过积极的态度来获取自由，但这种自由的产生不仅取决于个人追求自由的愿望和意志力，而且取决于世界现实能否为个人提供追求自由的条件这个事实。显而易见，虽然自由是人类存在的特征，人类也会不断地追求自由，但是自由对人类来说永远都不是一种容易获得的东西。

弗洛姆所说的个体化需要有相关的经济、社会和政治条件作为支撑。在他看来，如果人类脱离了那种能够给自己提供安全保障的原始纽带，而又缺乏进行个体化的经济、社会和政治条件，那么"自由"就很容易变成让人类难以忍受的一种负担；于是，人类便会产生"逃避这种自由的强烈冲动，或臣服，或与他人及世界建立某种关系，借此解脱不安全感，哪怕以个人自由为代价，也在所不惜"。这是指，如果人类脱离了束缚其自由的原始纽带，但又没有在现实社会中积极实现自由和个性的可能性，那么人类就会竭尽所能地逃避自由，努力建立新的纽带关系，或至少用漠然的态度对待自由。

作为一个心理学家，弗洛姆把自由问题视为一个心理问题，并努力从现代西方人的心理世界寻找那些驱使人类追求自由和逃避自由的心理原因。同时，他又是一个文化哲学家。在他看来，人的天性及一切心理活动都是文化产物。人不可能脱离文化而存在，但文化只能由人来创造。历史造就了人，人也造就了历史。人性是社会历史进化的产物，但人也有一些与生俱来的心理机制和规则。心理学的任务就是发现这样的心理机制和规则。不过，弗洛姆并没有仅仅停留在心理学的层面来探讨和研究自由问题，他的研究具有深切的现实关怀。具体地说，除了从抽象的层面关注与探究人类追求自由的心理机制和规则之外，他的眼光自始至终都投放在西方资本主义国家的社会现实之中。他显然想证明，虽然"资本主义把人从传统的束缚中解放了出来，促进了积极意义上的自由的增长，促进了积极进取、爱挑剔、有责任心的自我的成长"，但是"它同时使个人更孤独、更孤立，并使他深深感到自己的微不足道、无能为力"。

人类是一种经济动物、政治动物和文化动物，因此，人类对自由的追求与人类的所有其他追求一样，都必须在具体的经济、政治和文化背景下进行。自由问题是一个心理问题，但它与人类生存的物质基础、政治基础和文化基础密不可分。现代西方人是在资本主义社会的经济、政治和文化条件下来追求自由的。他们对自由的渴望和追求不是在真空状态中进行的，而是必然要受到资本主义社会条件的限制。然而，资本主义社会的经济、政治和文化条件并不足以为人类积极地追求自由提供充分的保证。因此，自由在资本主义社会实际上是一种奢侈品。资本主义社会优于奴隶社会和封建社会，但它还称不上最终的理想社会。

弗洛姆对西方资本主义社会的批判是全方位的。在他看来，西方资本主义社会是一个普遍异化的病态社会。他赞成马克思把异化理解为一种社会病态的观点，并且认为异化广泛渗透在资本主义生产方式和生活方式中。不过，在界定"异化"这一概念时，弗洛姆没有像马克思那样主要关注劳动异化问题。他更多地从心理学的角度来探析异化的心理发生机制，因此，异化在他的话语系统里是一种心理体验："异化主要是人作为与客体相分离的主体，对世界及其自身进行被动、消极体验的方式。"异化的人对自己感到陌生，因为他们无法感受到自己的主体性和作为行动者的能动性。弗洛姆认为，异化的人是一种陷入人格危机和精神病症的人，他们的人格和精神都是不健全的。

弗洛姆所说的异化在外延上比马克思所说的异化宽泛。他把马克思所强调的劳动异化看成资本主义社会发生总体异化的根源，同时他也特别注重研究资本主义社会出现的各种异化现象之间的相互关联性。在他的眼里，资本主义社会的经济、政治和文化是相互关联、相互影响、相互作用的；资本主义社会的生产方式导致劳动异化、人格异化、管理异化、交往异化，但这些异化形式又与资本主义社会的政治生活和文化生活有着千丝万缕的关系，并不断加剧着这些生活领域中的异化现象。正是由于各个领域的异化相互关联、相互影响、相互作用，整个资本主义社会才表现出总体异化的病症。

在资本主义经济活动中，成功、获得物质利益成了目的本身。人的命运便是促进经济制度的进步，帮助积累资本，这并非为了自己的幸福或得救，而把它作为目的本身。资本主义社会的一切人类活动都是围绕资本或经济利益展开的，这使得资本主义社会与奴隶社会、封建社会有着根本性区别。在被资本或经济利益主导的资本主义社会里，人只不过是经济大机器上的一个齿轮。人是否重要的事实只能依靠资本的多少来判断或衡量。一个拥有很多资本的人就是一个重要的齿轮；一个拥有很少资本的人就是一个不重要的齿轮。如果一个人没有掌握任何资本，那么他就是一个无足轻重的齿轮。无论属于哪种类型，人都不是为了自身的目的而存在，这是资本主义社会里的人被普遍异化的必然结果。

《逃避自由》不仅仅是一部心理学著作，它还是一部伦理学著作。弗洛姆没有停留在展开心理问题研究的层面，而是进一步对资本主义社会存在的道德合理性进行了深刻剖析。由于是从心理学研究的角度切入的，他对资本主义社会的伦理批判显得很含蓄、很温和。虽然他承认不合理的资本主义社会对人的社会性格和社会心理会产生深刻影响，甚至会导致人无法真正获得积极自由，但是他在很多时候仅仅以社会改良主义者的姿态说话。在他的眼里，资本主义社会似乎还有可改良的空间或余地。

透过弗洛姆的"逃避自由"说，我们不仅看到了一种自由的辩证法，而且看到了资本主义社会的内在本质。从追求自由到逃避自由，这意味着自由经历了一个"否定之否定"的辩证过程。自由具有其自身的肯定性，也具有其自身的否定性。因为能够肯定自身，自由可以成为人类追求的东西，但一旦开始否定自身，自由就可能变成人类千方百计逃避的东西。在资本主义社会，由于自由并不具备肯定自身的条件保证，所以它必定要对自身进行否定。

弗洛姆的"逃避自由"说富有启发意义。如果说自由必须得到相关的条件保证才能成为现实的东西，那么如何创造有利于保证自由的条件就显然比自由重要。这一观点是可以放大的。事实上，人类旨在维护和实现的自由、民主、平等、幸福等社会价值都从根本上依赖那些帮助它们实现的条件。一个社会不能仅仅致力于将自由、民主、平等、幸福等作为至关重要的价值目标来确立，更重要的是它必须为这些价值目标的实现创造条件。资本主义社会并不能为这些价值目标的实现提供必要的条件，因此它不可能是真正意义上的自由社会、民主社会、平等社会和幸福社会。

三、弗洛姆对"爱"的伦理解析

一个思想家之所以伟大，是因为他的思想是伟大的。伟大的思想或深刻宽广，或尖锐犀利，或富有哲理性。它们催人深思、启人心智、引人行动，从而表现为一种强大无比的力量。在伟大的思想中，我们看到的是人类博大精深的智慧。

"爱"是一个日常的话题，也是一个自古以来没有定论的话题。爱是一种人人皆有的情感，也是一种让绝大多数人难以说明的情感。爱是人类生活不可或缺的内容。爱可以让一个人的生活变得充实、圆满，无爱则可以让一个人的生活变得空虚、荒芜。有些人甚至为爱而生，也为爱而死。一个"爱"字就如同一面镜子，它将人间的万般情感尽收其中，并总是显得深邃无比，神秘无比。

弗洛姆对"爱"的研究深刻而富有启发意义。最重要的是，他把人类之爱与资本主义社会的历史和现实紧密地联系起来，这使他所论述的"爱"具有历史性、现实性，同时兼有伦理性、道德性。作为一位新马克思主义者，弗洛姆对爱的研究富有历史唯物主义和辩证唯物主义意蕴。

弗洛姆说的爱是指爱情。爱情是什么？"爱情是对人类生存问题的回答。"作为一种存在者，人的生存与其他动物的生存有根本性区别。弗洛姆说："人超越了动物界，超越了本能的适应性，脱离了自然——尽管人永远不可能完全脱离自然。"在弗洛姆看来，有些动物也有爱情，或者说它们身上存在类似爱情的东西，但它们的爱情主要是一种本能。而人不同，因为人有理智，能够意识到自我的存在。归根结底，人是一种文化动物，他们自始至终都生活在一定的文化中。如果说爱情是人类必不可少的生活内容，那么这是指人类的爱情只能在具体的文化中获得。

"爱情是一种积极的，而不是消极的情绪，是人内心生长的东西，而不是被俘虏的情绪。一般来说可以用另一个说法来表达，即爱情首先是给而不是得。""给"意味着什么？它不能被误解为"放弃"，或被人夺走什么东西，或做出牺牲。只有有创造性的人才能正确理解"给"的含义。在有创造性的人看来，"给"不是一种牺牲，而是拥有生命力的表现。如果一个人能够"给"，那么这说明他有力量。一个人只有通过"给"的途径才能体验到他自己人之为人的力量、富裕和活力。"给"让人体验到生命力的升华，并使人获得无与伦比的快乐。显然，弗洛姆说的"给"不是一个物质范畴，而是一个反映人际关系的范畴。一个人能够给另外一个人什么呢？他可以将自己最珍贵的物品给另外一个人，甚至将他生命的一部分给另外一个人。"给"意味着奉献或付出，但这种"奉献"和"付出"并不要求一个人必须为另外一个人献出自己的生命，而是仅仅要求他将其内心富有生命力的东西给予另外一个人。也就是说，如果一个人爱另外一个人，他就应该能够与后者分享他的快乐、兴趣、理解力、知识、幽默、悲伤等能够显示其生命力的东西。通过"给"，一个人可以在爱情生活中丰富另外一个人，同时也提高他自己人之为人的生命感。虽然一个人"给"不是为了"得"，但是"给"可以激发或唤醒另外一个人的生命力。因此，爱情是基于人的生命力而产生的一种情感，它是人类创造性的一种重要表现形式。

另外，除了"给"这一要素之外，爱情还必须具备关心、责任心、尊重、认识等要素。所谓"关心"，指爱情是对生命以及我们所爱之物的积极的关心。"关心"是衡量爱情的一个重要指标。真正的爱情必然反映一个人对另外一个人的积极的关心。那些缺乏积极关心的情感充其量只是一种情绪，根本称不上爱情。"责任心"是一个人对另外一个人自觉承担责任的表现，是以对自己负责的方式来对待另外一个人。"尊重"不是惧怕别人，更不是剥削或控制别人，而是努力使另外一个人能够成长和发展自己；或者说，它意指一个人希望另外一个人以他自己的方式成长和发展，为了他自己的目的成长和发展，而不是仅仅出于服务他人的目的成长和发展。"认识"即了解对方。人们只有在认识对方和了解对方的基础上才能尊重对方。"认识"既指用他人的眼光来看待他人，也指充分认识与他人结合的重要性。给、关心、责任心、尊重、认识等是爱情得以产生所必不可少的要素，它们之间是相互依赖、相辅相成的关系。

显而易见，弗洛姆眼中的爱情不是指心血来潮的情绪，更不是漫无目的的情绪，而是一种需要由各种要素来建构的人类情感。爱情不是自私的占有，不是一个人对另外一个人的压迫、剥削和控制，不是一个人向另外一个人的索取，而是两个人的生命力相互交织、相互交融、相互支持、相互促进、相辅相成、相得益彰的表现。爱情是一种创造。这种创造不应该被庸俗地理解，而是应该从生存哲学的角度来加以解读。爱情是一个生存问题，它的优劣折射出一个人的生存意义和价值的多寡。

弗洛姆强调："爱情不是一种与人的成熟程度无关，只需要投入身心的感情。……如果不努力发展自己的全部人格并以此达到一种创造倾向性，那么每种爱的试图都会失败；如果没有爱他人的能力，如果不能真正谦恭地、勇敢地、真诚地和有纪律地爱他人，那么人们在自己的爱情生活中也永远得不到满足。"这是弗洛姆在《爱的艺术》"前言"中说的一段话。他试图告诉我们：爱是一种能力，爱是一门艺术，爱是需要学习的，爱还需要合乎社会规范。这与许多人将爱作简单化理解的思路具有根本性区别。有些人认为爱是一种可以率性而为、率情而动、率意而发的人类情感，却不知人之所爱会受到诸多因素的制约。在人类社会，爱是人的权利，也是人的自由，但这绝不意味着一个人可以肆意妄为地爱或不爱。

在"爱"这一问题上，人们普遍会首先试图找到这样一个问题的答案：我值得被人爱吗？在努力解答这一问题时，人们往往习惯于千方百计地寻求自己值得被爱的价值。在一般人看来，男人往往热衷于追求名利和权力，而女人则往往热衷于追求优美身材、服饰打扮和女性魅力。另外，男女都会千方百计使自己的举止文雅，使自己的谈吐有趣，使自己显得具有乐于助人的美德，使自己的行为显得谦虚和谨慎。其实，"我们这个社会大多数人所理解的'值得被人爱'无非是赢得人心和对异性有吸引力这两种倾向的混合物而已"。坚持这种观点的人会把"爱"理解为一种不需要学习的东西，而不是将其理解为一种需要人类努力培养和学习才能具有的能力。

在弗洛姆看来，"爱"不仅和社会文化紧密相关，而且是社会文化的重要内容。在现代资本主义社会，人们的全部文化追求都建立在购买欲和互利互换的观念基础上，人们的幸福追求都具有实利性。具体地说，人们普遍将欣赏橱窗、用现金或分期付款的方式购买商品等视为幸福。可见，资本主义文化是商业化占统治地位和把物质成功看得高于一切的文化模式。在这种文化模式中，人与人之间的爱情关系也遵循市场经济原则。在以高生产和高消费为主导的资本主义文化中，人们在渴望爱情的同时，把成就、地位、名利、权力等看得重于爱情，因此，他们对爱情的追求不具有纯正性。在西方资本主义社会，爱情处于衰亡状态，许多虚假爱情的形式取代了真正的爱情。

爱情的衰亡在资本主义社会不可避免，这完全符合现代西方人的社会性格。现代西方人的幸福就是生活享受，就是追求消费满足，就是追求与他人同化。他们甚至把所有精神的和物质的东西都看成可以随意交换与消费的东西。他们像生产机器和消费机器一样生活，人之为人的本性消失殆尽，而作为机器存在的人是不会有爱的。他们在宣称爱的时候仍然在想着如何生产和消费物质财富。在出现总体异化的资本主义社会，人们在爱情上的基本要求不是爱，而是"结伴"。在高度机器化的社会结构中，每个人都是孤独的，每个人都需要有一个人来陪伴他。

要挽救日益衰亡的爱情，这既需要让爱情回归它的本质，即本来面目，也需要人们具有爱的实践智慧。让爱回归本质，即将爱还原为一种真正体现人的创造性生命力的人格力量。要让人们具有爱的实践智慧，关键是要让人们认识到爱的艺术性。换言之，就是要让人们把爱当成一门艺术来看待，并且努力通过实践途径来真正拥有爱。

如果说爱是一门艺术，那么人们需要学习爱。要掌握一门艺术，人们都需要学习一些基本的东西。首先，要学习相关的纪律。人类不能毫无纪律地做事，如果毫无纪律地做事，可能获得一时的快乐，但永远成不了艺术大师。爱情也一样。如果我们仅仅凭着一时的兴致来追求爱情，那么我们不可能真正懂得爱的真谛，也不可能得到真正的爱。其次，集中注意力是掌握爱情艺术的必要条件。一个人不应该一边追求爱情，一边却想着如何发财。再次，爱情艺术要求人们有足够的耐心。爱情不可能轻易得到，它需要追求爱情的人进行耐心的追求。最后，爱情艺术要求人们有积极的兴趣。爱情有积极的爱情和消极的爱情之分。真正的爱情不是消极无为的，而是积极有为的。追求爱情的人应该具有爱的信仰，并积极地、有创造性地去爱。人类之爱的能力既取决于人类所达到的成熟程度，也取决于人类在与世界和自己打交道的时候能否表现出创造性。

弗洛姆认为，要使人具备爱的能力，就一定要把人的发展看作社会的最高目标。人最珍贵。然而，在资本主义社会，一切人类活动都服务于经济目标，许多东西被本末倒置。具体地说，手段变成了目的，人变成了物。生活在现代资本主义社会里的人营养丰富，衣着讲究，但他们既不注重自己人性的发展，也不重视自己所承担的责任。正因如此，越来越多的人失去了爱的能力。要摆脱这种状况，唯有从资本主义社会走出来，转入社会主义社会。"只有在这样一个社会，正如马克思所说，当个人的全面发展成为所有人的全面发展的条件时，爱情才会成为一种重要的社会态度。"爱情是人的本质中最深刻的内在要求，但这一要求在资本主义社会被压抑了。当代人类需要通过走社会主义道路的途径来拯救爱情，这是弗洛姆试图暗示的一个观点。

四、弗洛姆的道德改良主义立场

弗洛姆以现代西方人"逃避自由"的现象作为切入点，对资本主义的整体败坏作了深刻揭露和批判。资本主义就如同一个病入膏肓的人，已经陷入总体异化、总体败坏、总体危险的深刻危机，因此，用社会主义取代资本主义就迫在眉睫。在弗洛姆看来，资本主义陷入总体异化、总体败坏和总体危险的根源不是别的，而是资本主义本身的非人道性。资本主义社会不是以人为本的社会，生活于其中的劳苦大众没有应有的自由，因此，他们才会产生"逃避自由"的病态心理。作为非人本的社会，资本主义社会道德堕落、物欲横流，享乐主义和利己主义主导着整个社会的道德生活格局，人们普遍陶醉于追逐物质生活享受的游戏，甚至不惜以牺牲子孙后代的自然环境权利为代价。要走出资本主义危机，关键是要从根本上更新资本主义社会的道德力量或道德资源，应该用人本主义的社会主义来取代非人本主义的资本主义。

弗洛姆追求的不是马克思所说的社会革命，而是一种心理革新和道德革新。他认为，一个新社会的出现必须以人的心灵变化为前提条件，而人能够在心灵上实现的最深刻的变化是道德价值观念上的变化。道德价值观念的变化会导致人格的深刻变化，具体地说，它会塑造一种创造型人格，并在此基础上带来整个社会在经济、政治、宗教、科技等领域的道德变革，从而最终将人从物的奴役中解放出来，将人从"逃避自由"的病态心理中解放出来，并使人之为人的潜能和本性得到充分张扬。

与卢卡奇、马尔库塞等新马克思主义者一样，弗洛姆呼吁"总体革命"的到来。所谓总体革命，就是全方位的社会革命模式。它不局限于俄国十月革命的模式，而是一种涵盖政治革命、经济革命、思想革命、文化革命等的革命模式。总体革命模式的重点不是政治革命和经济革命，而是思想革命和文化革命，因为在这种革命模式中，思想革命和文化革命是真正的先导力量，其根本目的是要通过改变人的意识形态和价值观念来达到用社会主义取代资本主义的目的。弗洛姆等人倡导这种总体革命的现实原因是：虽然俄国的十月革命模式鼓舞了无产阶级借助武装斗争夺取政权和实现解放的斗志，但是它也暴露了很多弊端。

"欧洲那些最民主、最稳定和最繁荣的国家，以及世界上最强盛的美国都表现出最严重的精神病症候。"立足于西方资本主义国家所处的这种现实，弗洛姆继承了马克思关于社会革命和追求人的自由全面发展的思想，采纳法兰克福学派的一些理论家倡导的总体革命设想，同时充分运用他的心理学知识和理论，大胆提出了一种具有鲜明人本主义特征的总体革命理论，并希望他的革命理论能够为人类提供一条摆脱资本主义的出路。

首先，在强调道德革命的过程中，弗洛姆呼唤的是经济领域的道德变革。

进入工业社会后，西方资本主义国家在经济上的价值目标是实现生产和消费的最大化。"在工业化的国家里，人本身越来越成为一个贪婪的、被动的消费者。物品不是用来为人服务的，相反，人却成了物品的奴仆，成了一个生产者和消费者。"追求高生产和高消费成为资本主义社会无处不在的最终目的，人们把消费数字的攀升作为衡量社会进步的最重要标准。"一个幽灵正在我们中间徘徊，只有少数人清醒地意识到它的存在。这个幽灵是：一个完全机械化的社会，它服从计算机的命令，致力于最大规模的物质生产和消费；在这样一个社会的发展进程中，人自身被转变为整个机器的一部分，尽管他吃得好，娱乐得好，然而他却是被动的，缺乏活力和感情的。"在资本主义工业社会里，人就是生产的机器和消费的机器，因此，人实际上被贬低为机器的零件，他们的生活方式总是被动的、适应性的，他们的生活步伐和节奏都不取决于他们自己，而是取决于整个社会作为一部生产机器和消费机器开动的步伐与节奏。这样的工业社会是病态的社会。弗洛姆反对工业化将人机器化的社会状况，反对整个社会围绕高生产和高消费运转，反对社会扼杀人的个性。在他看来，一个健全的经济社会应该致力于实现人的自由全面发展，而不是将人变成物的奴隶。他说："一个工业社会应该以人的充分发展为中心，而不是以最大限度地生产和消费为中心。"

弗洛姆反对消费主义价值观念。人类不应该生活在贫困中，但也不能成为为消费而消费的人。因此，他说："人既不能生活在非人的贫困中，也不能被迫成为像富裕的工业社会那样受资本主义生产的内在规律所制约的消费人。"资本主义生产具有不断扩大规模的内在要求，这会不断刺激消费的增长。所谓消费人，就是用消费主义价值观念主导生活的人。他们追求物质消费的数量，把消费数量当作衡量生活成败的根本标准，并且在疯狂的消费中寻求人生的快乐和幸福，因此，他们的幸福指数总是随着消费数量的增减而起伏变化。弗洛姆认为"消费人"不是健康的人，而是出现了精神病症的人，但这种病症的出现不能完全归因于人本身，而应归因于资本主义经济基础。

要改变消费主义价值观念，人们要做的事情有两个方面。一方面，必须变革资本主义经济基础。资本主义经济基础建立在生产资料私有制的基础上，它是围绕着"资本"运转的，而"为了积累资本而劳动，它给人带来灾难性的后果。它使人成为他所制造的机器的奴仆，产生了自己无足轻重和软弱无力感"。资本主义社会离开"资本"将无法存在，因此，要改变资本主义社会的现状，必须从根本上摧毁资本支配社会生活的格局。另一方面，必须改变人们的消费价值观念，关键是要使人们认识到："消费的行为本来应该是一种有意义、有人味的行为，但在现代资本主义社会中，这样的消费行为是少之又少。如今，人被购买更多、更好，尤其是更新的东西之可能性所迷惑了。"

弗洛姆倡导"健康消费"。所谓健康消费，就是真正有意义、合乎人性、体现生态文明的消费。它有利于人自身的人格完善，也有利于促进人与自然的和谐相处。他剖析了生态危机的根源，他说："当今的真正危机是人类历史上前所未有过的危机；它是生命本身的危机。……我们面临着这样的可能性：50年之内，也许在更短的时间内，这个地球上的生命将要停止存在；不仅是因为核战争、化学和生物战争技术进步一年年地制造出破坏性更大的武器，而且还因为技术'进步'使地球上的土壤、水和空气不适合生命的维持。"弗洛姆对生态危机的剖析是深刻的。正如他所说，早在20世纪中期，一些西方学者就提出了生态危机的看法。美国著名生态伦理学家蕾切尔·卡逊所著《寂静的春天》就是一部宣告生态危机爆发的著作。在该著作中，蕾切尔·卡逊用大量的实证材料告诉人们：由于美国人在农业生产中大量使用农药、化肥等，各种有毒物质不仅导致了自然环境的恶变，而且危害到人类本身的健康和可持续发展，所谓的生态危机也因此而爆发。卡逊所说的"寂静的春天"只不过是关于生态危机的一个隐喻。

其次，弗洛姆期待政治领域的道德变革。

马克思主义者都深知政治和经济之间的紧密关联性。政治经济学的研究方法不仅应该具有学科交叉性，而且应该体现历史性。文化史就是宗教史和政治史。因此，政治经济学研究不可能仅仅从经济学的层面展开，它必然与政治非常紧密地联系在一起。正因如此，弗洛姆在探讨了经济领域的道德变革问题之后，不可避免地要关注如何进行政治领域的道德变革。对此，弗洛姆提出了三个方面的方略：

第一，弗洛姆把倡导政治民主作为在政治生活领域推行道德变革的第一要务。他认为，总体异化的资本主义社会是没有真正民主可言的。他批评西方资本主义国家实行的普选投票制度和多数表决权制度。普选投票制度有利于扩大广大社会民众参与政治生活的权利，但它具有不容忽视的形式性和空洞性。资本主义民主制度的推行也有利于实现多数人的统治取代少数人的统治，但这并不意味着多数人的统治取代少数人的统治就一定是合理的。当然，也不能采取苏联实行的那种中央集权制度。要实现真正的民主，必须实现中央集权式的民主和高度分权式的民主的统一，并且将其体制化。

要达到上述目标，必须实行市民会议制度。其具体方案是：按照市民居住的区域或工作地点，将所有市民编入各种小团体或组织（每个团体或组织的人数为 500 人左右），让这样的小团体或组织充分发挥作用，团体或组织内的行政人员和委员实行一年一换的制度，并且必须经过严格的选举产生。团体或组织的行政人员和委员的职责是讨论地方与国家的重要政治问题，影响议会与国家的决策。在市民会议制度的框架内，团体或组织内的人员应该有充分交流和讨论的权利，这既是民主的表现形式，也是维护民主必不可少的有效途径。

还需要设立各种各样的非政治性文化机构，以使广大公民能够获得决策的准确信息。弗洛姆认为，资本主义社会的宣传机器都被资产阶级所操控，因此，广大公民很难了解政府决策的真实情况。这说明政治性团体或组织提供的信息可能不是真实的，同时也使非政治性文化机构的产生成为必要。非政治性文化机构的主要职责是收集和掌握各种真实的决策信息，并将它们提供给广大社会民众，以使他们有机会了解政府决策的实际情况。这种机构可以由科学、宗教、商业、艺术、政治等领域中德才兼备的人组成。这些成员的政治观点可能并不相同，但他们是德才兼备的人，能够很好地履行其职责。

弗洛姆强调公民参与政治生活的权利，主张把政治权力分散在公民中，以使广大公民最大限度地参政议政，并从根本上杜绝官僚主义的产生。让广大社会公民参政议政，就是要建立真正以人为本的政治社会，就是要阻止政治权力的过分集中。他说："建立人本主义社会的一个先决条件是，阻止这种集中化的发展趋势，并实行全面的分散管理。"官僚主义的弊端在于，官僚要么不愿承担应有的职责，要么仅仅依照原则办事，被管理者在他们的眼里和物没有什么区别。因此，官僚主义管理方式不合乎人性，它是僵化的、死板的、异化的，官僚和被管理的人都缺乏能动性与创造性。要摧毁官僚主义，唯一有效的途径是实行公民广泛参政议政的政治体制，即实行由广大公民自主管理社会的政治体制。

第二，弗洛姆主张重新树立和尊重理性的权威，以推动社会公民追求积极自由。恢复理性的权威是在当代政治生活领域推进道德变革的一个重要任务。各个国家的权威当局不应该是政治权力的占有者，而应该充当政治权力的理性占有者。用理性权威来界定政治权威，这意味着政治权力来源于公民，也应该服务于公民。用理性权威来界定政治权威，这意味着管理者不是依靠他们手中的权力来进行社会管理，而是依靠理性来进行社会管理。这种社会管理模式合乎理性，合乎以人为本的价值取向，合乎民主的内在要求。在弗洛姆看来，真正的民主政体应该建立在理性基础上，应该致力于让广大公民参政议政，应该致力于让广大公民来选举政府官员，应该致力于让广大公民拥有积极的政治自由。

第三，弗洛姆呼吁建立能够维护世界和平的国际政治新秩序。弗洛姆将"和平"区分为两种，即消极的和平与积极的和平。消极的和平是"为了达到某些目的而追求一种无战争或不使用武力"的非暴力事态，它通常是强权政治、武力镇压等手段产生的结果，但这种和平并不是真正的和平。在弗洛姆看来，资本主义阵营和社会主义阵营在冷战时期通过激烈的军备竞赛、核威慑等手段带来的世界和平就属于消极的和平。虽然这种和平带来了一时的无战争状态，但是它给人们带来的恐惧感、冷漠感、敌对感等是强烈的。真正的和平应该是人类积极争取的和平，应该是人类通过友好相处、团结一致、相互支持等途径获得的和平。真正和平的社会是那种没有总体异化的社会，其中没有国家、党派、种族、团体的纷争和尔虞我诈，甚至没有国界，人人平等，人人友好，人人宽容，人人公正。在弗洛姆看来，真正的和平都是人类积极争取来的，它不是不可能实现的东西。在人类发展史上，积极的和平是存在的，这不仅指人类自古以来有追求积极和平的思想传统，而且指积极的和平具有现实性。

和平是人类孜孜以求的一个理想，但人类实现和平的道路总是坎坷不平的。一部人类发展史既是人类为和平作出不懈努力与奋斗的历史，也是一部血泪史。弗洛姆说："从公元前1500年到公元1860年，人类签订的和约不少于8000条，每条和约都被当作永久和平的保证，但每条和约只能维持两年左右！"人类似乎总是对和平抱有满腔的爱，但同时又对战争抱有浓厚的兴趣。显然，战争的爆发是有原因的。在弗洛姆看来，人的破坏性心理、军事技术的进步等是现代战争爆发的必要条件，但引发现代战争的根源是资本主义社会的发展模式对人之贪欲的无限刺激。

资本主义社会是现代战争的温床。资本主义社会是物欲横流的社会，是人的贪欲无限膨胀的社会。资产阶级是贪得无厌的阶级。资产阶级掌控着社会经济发展所需要的资本，并借助资本的力量掌控着整个资本主义社会的命脉。为了最大限度地获取利润或经济利益，除了对广大工人阶级进行无情压迫和剥削之外，资产阶级还试图通过发动战争等手段来获利。在现代世界，每一次战争的背后都有资产阶级攫取经济利益的影子。第一、二次世界大战都是主要资本主义国家中资产阶级贪婪地追逐经济利益的产物。

弗洛姆指出："文明越原始，战争越少。战争的密度和强度也总是随着科技文明程度的提高而不断提升。拥有强权政府的国家越是强大，战争就越多、越烈；相反，在那些长期没有人领导的原始社会，战争越少、越弱。"进入资本主义社会阶段后，人类社会所达到的文明程度是空前的，但所发生的战争也是最多的。

要战争还是要和平？这是人类从古到今一直不得不经常面对的一个难题。这一难题挑战人的理性、智慧，也挑战人的道德。人类已经在军备竞赛中制造出各种各样的危险武器，并且在实际的战争中运用了大量危险武器，但这绝对不意味着战争就是善的。战争对人的尊严、生命以及社会秩序的破坏都是不合乎道德要求的，都是恶的表现。对人类来说，虽然和平的获得总是充满困难，有时甚至要求人类为和平献出生命，但是人类总是更愿意走和平的道路。和平是一种值得人类追求的东西。

要消除战争，最有效的途径是必须从根本上消除资本主义——因为资本主义社会是战争的温床，然后进入以人的全面自由发展为目标的社会主义社会。在社会主义社会，人本主义成为主导社会发展的最高道德原则。它要求人的尊严、利益等受到真正意义的保护和维护，人与人之间能够相互了解，团结代替了对抗，社会公正能够得到越来越好的维护。只有到了社会主义社会，人们才会认识到战争的巨大危害性和不合道德性，也才能认识到和平的重要价值。

最后，弗洛姆认为文化领域也应该有深刻的道德变革。

人类是一种文化动物。文化既是有形的，也是无形的。文化既是一个相对独立的领域，也是一个与人类经济、政治活动紧密相关的领域。在很多时候，弗洛姆所说的文化是一个与人类经济、政治相比较而言的领域，它主要是指语言、哲学、艺术、道德价值观念等构成的人类生活领域；也就是说，弗洛姆理解的文化更多的是精神层面的，它主要指人具有的文化思想、文化气质、文化精神等。

文化领域的道德变革首先应该发生在教育领域。西方具有重视教育的悠久传统。在西方的教育传统中，道德教育一直占据着不容忽视的重要地位，但在现代教育体系中，由于人们更多地重视科学知识教育，道德教育遭到忽略的问题越来越严重。有鉴于此，弗洛姆倡导以人为本的教育模式。在他看来，真正的教育应该以培养受教育者的创造型人格为目标，以使他们人之为人的理性能力、情感、潜能和道德品质都能够得到全面开发。教育问题首先是机会公平的问题。一个公平的社会应该为所有人提供平等的教育机会，具体地说，所有达到受教育年龄的人都应该有机会接受教育。教育也不应该仅仅强调科学知识教育，而是应该更多地重视人格培养，它应该更多地重视心灵教育、品质教育。

以人为本的教育模式还应该致力于让受教育者认识和理解人性。根据马克思主义，人的本质属性是社会性。如果说教育能够培养健全的人格，那么这是指教育能够让人具有一种社会性品格。具有这种品格的人能够深刻认识个人与社会之间的辩证关系，能够深刻认识个人应该对社会承担的责任。个人与社会既相互对立，也相互依赖。一般来说，个人不能离开社会而存在，社会也不能离开个人而存在。一个完整的个人绝对不是孤独的个体，而是与他人、社会紧密联系的个体。要使个人和社会之间的关系达到和谐，关键是要通过道德教育的途径使人具有道德良知。道德良知能够使个人超越狭隘的自私利己性，能够从社会的角度来看待人类社会的发展。

文化领域的道德改革必须见诸宗教领域。弗洛姆看到，宗教在人类社会中具有巨大影响力，对人的人格培养具有不容忽视的作用。他还看到，在现代西方资本主义社会，信奉宗教的信徒越来越多，但宗教遭受世俗化潮流的冲击几乎是不可逆转的。世俗化导致世俗化文化模式的出现，并使之呈现出日益强化的态势。世俗化文化的发展加剧了人的异化以及人与人之间的冷漠无情。如果宗教能够对人类社会生活产生深刻影响，那么人们就应该对其进行必要的改革。这种改革应该致力于推动宗教朝着人本主义方向发展；或者说，通过必要的改革，应该有一种人本主义宗教出现。宗教强调对神性的崇拜，但它毕竟是一种人为的建构。因此，真正的宗教应该关心人本身，应该充分体现人之为人的意义和价值，应该真正贴近人的生活现实。人本主义宗教的存在价值是要让人体验到天、地、人合一的人生境界，它所彰显的宗教信仰是基于人的理性反思精神和感性经验而得到确立的。

人本主义宗教可以是有神论的，也可以是无神论的。有神论的宗教可以拥有"上帝"之类的概念，但"上帝"不是别的，而是人的象征，即人的力量的象征。弗洛姆反对用"上帝"来统治人的宗教教义，强调人才是其自身的统治者。在无神论的宗教中，宗教反映的是一种人类理想和人生态度。人类想实现思想和精神的无限超越，因而才导致了无神论宗教的产生。人本主义宗教是基于宗教思想和社会思想建立起来的，因此，它与人类追求的公正、平等、友爱、自由、幸福等社会价值目标非常紧密地联系在一起。宗教源于人类社会生活，源于人类对现存世界及其自身价值的深刻认识和理解。

文化领域的道德变革还需要见诸科技领域。科技进步是推动人类社会进步必不可少的力量，但人类在追求科技进步的过程中通常会犯用科技排斥道德的错误，这导致科学技术被严重异化。人类发明科学技术的目的是造福人类，但那些被发明出来的科学技术往往成为危害人类的东西。高科技被用于军事领域，给人类带来了巨大危害，有些科技产品的出现甚至导致了科技产品控制人的后果。要改变这种状况，唯有走科技人本化道路。这需要人们树立人本主义科技道德观，需要人们牢牢地控制科学技术的发展。科学技术的价值并不来源于它自身，而是来源于人。科学技术发展的最终标准取决于人，而不是取决于它自身，因此，科学技术发展的最终目的是保证人的最充分发展，而不是保证生产的最大限度发展。显然在弗洛姆看来，人本化的科技发展自始至终是以人的根本利益为评价标准的，它不能与人的根本利益背道而驰。

第二节　伊格尔顿对马克思主义的伦理辩护

特里·伊格尔顿（Terry Eagleton，生于 1943 年）是英国著名马克思主义理论家、文化批评家和文学批评家，著有《马克思主义与文学批评》《马克思为什么是对的》《美学意识形态》等著作。国内外学术界称之为雷蒙·威廉斯之后英国最杰出的新马克思主义者。他与美国的詹姆逊、德国的哈贝马斯一起被称为当今西方马克思主义理论界的三大巨头。

一、对西方反马克思主义观点的驳斥

马克思主义的兴起是西方资本主义国家乃至整个人类发展史上最具有里程碑意义的重大事件，它在理论上和实践上都对人类社会的发展进程产生了深远影响。进入资本主义时代后，很多西方思想家将资本主义社会当成了人类社会发展的最终形态，认为资本主义制度能够最大限度地保证人类享有自由、平等、博爱等。马克思主义的出现不仅冲击了西方思想家对资本主义抱持的理想主义态度，而且实际地改变了资本主义一统天下的格局。马克思主义使整个世界一分为两个阵营，即资本主义阵营和社会主义阵营。这两大阵营相互对峙，相互争鸣，形成了现当代世界格局的最重要特征。

不过，马克思主义从它诞生的第一天起就一直是一种颇有争议的思想和理论。它不仅对资本主义社会以前的社会形态（主要是奴隶社会和封建社会）进行了无情的批评，而且号召整个人类推翻资本主义社会，代之以社会主义社会，最终进入共产主义社会。因此，它是人类发展史上最富有革命性的思想和理论，也最容易引起人们的争论和非议。在西方资本主义社会，许多资产阶级思想家攻击马克思主义。当他们看到苏联解体和东欧剧变的时候，他们几乎达到欣喜若狂的地步。在他们的眼里，苏联解体和东欧剧变用事实证明了马克思主义的失败。出乎他们意料的是，社会主义并没有因为苏联解体和东欧剧变而在地球上消失；相反，它至今还作为一种强大力量在与资本主义进行着顽强的对峙和争鸣。另外，在马克思主义者内部也存在很多争议，尤其是在马克思、恩格斯、列宁等马克思主义者之后，如何认识、理解和发展马克思主义更是在西方新马克思主义者内部引起了大量争论，并在此基础上形成了一个众声喧哗的局面。在这种历史背景下，对马克思主义进行强有力的辩护就具有重大理论意义和现实价值。

伊格尔顿看到了马克思主义在当代遇到的困境。虽然他从来没有宣称马克思不会犯任何错误，但是他相信"马克思对他所生活的那个时代中一些重要问题的真知灼见足以使'马克思主义者'成为一个令无数人心向往之的标签"。为了论证这一点，伊格尔顿列举了西方反马克思主义的十种主要观点，并一一对它们进行了驳斥。

当前西方反对马克思主义的第一种观点鼓吹："马克思主义结束了。在那个工厂林立、到处充满饥饿暴动的世界里，那个以数量众多的工人阶级为标志的世界里，那个到处都是痛苦和不幸的世界里，马克思主义还多少有些用处。但马克思主义在今天这个阶级分化日益淡化、社会流动性日益增强的后工业化西方社会里，绝对没有一点用武之地。如今，仍然坚持支持马克思主义的都是一些老顽固。他们不肯接受这样一个事实：我们的世界已经取得了极大的进步，而过去的那个世界再也不会回来了。"伊格尔顿对这种攻击马克思主义的错误论调进行了驳斥。他说："作为有史以来对资本主义制度最彻底、最严厉、最全面的批判，马克思主义大大改变了我们的世界。由此可以断定，只要资本主义制度还存在一天，马克思主义就不会消亡。只有在资本主义结束之后，马克思主义才会退出历史的舞台。"

在当今西方的马克思主义批评者中间，很多人宣称资本主义制度已经发生根本变化，叫嚣今天的资本主义社会已经不是马克思当年描绘的社会形态了。因此，马克思主义必须与时俱进，否则，它就不再有生命力和存在价值。伊格尔顿对此进行了毫不留情的批评。在他看来，对马克思主义的这种批评建立在对马克思主义缺乏理解的基础之上，因为马克思不仅早就发现了资本主义不断发展变化的事实，而且把资本主义的发展区分为商业资本主义、农业资本主义、工业资本主义、垄断资本主义、金融资本主义、帝国资本主义等历史阶段。另外，马克思还预见了资本主义必定会全球化扩张的趋势。因此，由于对马克思学说缺乏真正的认识和理解，对马克思主义进行"莫须有"的批评是非常荒唐的。

伊格尔顿承认西方资本主义在20世纪末发生了一些重大改变，特别是主要资本主义国家都进行了一些至关重要的社会变革。传统的工业制造业不再受人青睐，取而代之的是与"后工业时代"相适应的文化、通信、信息技术、服务业等产业。由于资本主义国家放宽了对市场的限制，工人运动在法律和政治上均受到了猛烈攻击。科技革命在资本主义的全球化过程中发挥了关键作用，并且为资本主义的发展注入了新的活力。发达资本主义国家将大量重工业企业转入发展中国家，这不仅给它们带来了巨额利润，而且在很大程度上掩盖了资本主义真相。一些目光短浅的西方人因此而误以为资本主义已经消灭了对自然环境会造成严重危害的重工业。伊格尔顿指出，之所以会发生这样的变化，并不是因为资本主义制度本身已经发展到让人高枕无忧的程度；相反，正如大多数攻击性行为一样，资本主义制度表现出来的强硬姿态源于一种深层次的焦虑，因为深度的担忧往往会使一种社会体制变得疯狂。在伊格尔顿看来，造成这种深度焦虑的原因是战后资本主义经济繁荣的消退。在第二次世界大战之后，国际竞争日益加剧，资本流转的成本日益增加，全球经济增长的速度大大放缓，这些事实极大地动摇了资本主义存在的合理性基础，甚至使社会民主主义成为一些西方政治家治理社会的战略选择。虽然这种历史状况本身并不说明马克思主义已经寿终正寝，但是它们为一些人背弃马克思主义提供了借口。

马克思主义在当今西方由于普遍的政治无力感而失去了大众的信任。伊格尔顿认为："让马克思主义失去信心的并非资本主义制度的改头换面。事实恰恰相反。让马克思主义失去信心的是这样一个事实，即资本主义制度仍按照以前的方式运行，并没有进行任何改进。"他进一步指出，马克思主义在当今西方确实处于被边缘化的状况，但这并不意味着它已经完全失去存在的合理性；相反，它恰恰说明马克思主义对资本主义社会的批评和揭露入木三分。经典马克思主义历来强调，资本主义不会自动退出历史舞台，它会垂死挣扎到最后关头。越是遭到当代马克思主义者的猛烈批判，资本主义就越会表现出顽固不化、变本加厉的态势，而这恰恰是资本主义成强弩之末的征兆。

马克思曾经预言的很多东西正在今天得到验证。当今西方资本主义国家正面对财富和权力分配不均、帝国主义战争不断、剥削和压迫日益强化等重大现实问题。马克思主义者长期以来一直在思考并着力解决这些重大问题。纵然是到了今天，还有很多人指望马克思主义可以为人类现实生活提供有益的启示。能够对资本主义构成最终制约的其实不是别的东西，而是它本身。由于资本的不断周转和复制是资本主义本身无法超越的边界，资本主义最终必定成为它自身的制约力量。在伊格尔顿看来，资本主义内在逻辑的相对稳定性决定了马克思主义对资本主义制度的大多数批评时至今日仍然是有道理的。如果资本主义体制能够冲破自身的边界，并能够为自身开创一个崭新局面，那么它就能够为自身建构一种不可摧毁的稳定性。可惜的是，资本主义恰恰没有这样的能力，它永远都不可能创造一个与现实完全不同的未来。资本主义的衰亡是不可避免的。

当今西方反对马克思主义的第二种观点是："马克思主义从理论上看也许还有些道理，不过一旦将其付诸实践，结果往往是无法想象的恐怖、独裁和暴政。"伊格尔顿一针见血地指出，资本主义国家和资本主义制度本身是依靠奴隶制、大屠杀、暴力、剥削等邪恶的东西建立起来的，资本主义的发展史本身就是一部血泪史。由于资本主义已经在地球上存续相当长的时间，人们容易忘记它曾经带给世界的黑暗和恐怖。马克思主义理论具有很强的现实针对性，以服务实践为旨归。社会主义在中国的成功用事实证明了马克思主义理论转化为实践的可能性和现实性。马克思等经典马克思主义作家建设社会主义国家的根本目的是为了让那些处于被压迫、被剥削、被奴役的工人阶级过上真正自由、民主、平等和有尊严的生活。

当今西方反对马克思主义的第三种观点是："马克思主义是一种宿命论。它将世间的男男女女都视为历史的工具，并以这种方式剥夺了人们的自由及个性。马克思相信存在某种任何凡人都无法抗拒的历史规律。"在伊格尔顿看来，这是对马克思的一种莫名其妙的指责，马克思并不是一个否定人类自由的宿命论者。事实上，马克思是个人自由的坚定拥护者和维护者，而且一直热衷于探索人超越历史必然性的道路。马克思、恩格斯都强调事物的发展是必然性和偶然性的统一，且他们在承认事物的必然性的同时充分肯定人的主观能动性，因此，将宿命论的帽子扣在他们头上是一种不合实际的做法。

当今西方反对马克思主义的第四种观点是："马克思主义不过是乌托邦之梦。它将希望寄托在一个完美的社会，那里没有艰难，没有痛苦，没有暴力，也没有冲突。在共产主义的世界里，没有对抗、私利、占有、竞争或者不平等。人人平等，毫无贵贱之分。人不再需要工作，人与人之间和睦相处，物质财富源源不断。这种出奇幼稚的想法来源于对人性的轻信。"在伊格尔顿看来，这样的批评是一种无知的冷嘲热讽，它说明批评者对马克思主义缺乏真正的了解。马克思主义者从来都没有把人性看成一种完美无缺的东西，他们相信，即使在物质财富极大丰富的情况下，人类也不得不进行一些艰苦的劳动。马克思本人对共产主义的设想仅仅意味着物质匮乏的消除和大多数压迫性劳动的终结。实际地看，马克思对人类历史有感到悲观的一面，但他更多的是对人类的未来感到乐观。一方面，他以悲观的态度看待人类过去的历史，认为一部人类发展史只不过是一部用一种压迫和剥削取代另一种压迫和剥削的历史；然而另一方面，他又坚信人类社会在朝着越来越好的方向发展，直到共产主义社会的实现——共产主义社会是一个能够为每个人的自我实现创造条件的社会。

当今西方反对马克思主义的第五种观点是："马克思主义将世间万物都归结为经济因素。它不过是经济决定论的又一种表现形式。艺术、宗教、政治、法律、战争、道德、历史变迁……所有这些都被简单地视为经济或阶级斗争的反映。"在伊格尔顿看来，马克思是一个历史唯物论者，他看到了经济因素在人类社会历史发展过程中的核心作用，认为人类的一切活动都必须以吃饭喝水为基础，强调人类只有在物质需要得到满足后才会从事学习弹琴之类的其他事情。马克思把物质生产视为人类文明的基础，但他从来没有痴迷于经济问题，他只是将经济问题看作一种会扭曲人类真实潜力的东西。事实上，在他所期待的世界里，经济问题不应该过多占据我们的时间和精力。

当今西方反对马克思主义的第六种观点是："马克思是唯物主义者。他认为除了物质，什么都不存在。他对人类精神层面毫无兴趣，认为意识仅仅是对物质世界的反映。"伊格尔顿反驳说，唯物主义者并不是没有灵魂的生物，纵然他们真的没有灵魂，也不一定是因为他们是唯物主义者；像马克思这样的唯物主义者并没有把整个世界简单地归结为"物质"，他们只是在充分肯定思想、信仰等精神性因素之价值的同时，认为人类精神只有与强大的物质利益结合在一起才能成为一种真正具有历史意义的力量。

当今西方反对马克思主义的第七种观点是："马克思主义最为过时之处在于它过分痴迷于乏味的阶级问题。马克思主义者似乎没有注意到，自马克思写作的那个年代以来，社会阶级的图景已变得面目全非。特别是，他们甜蜜幻想着即将带来社会主义的工人阶级几乎消失得无影无踪。"伊格尔顿驳斥说，这是一种以混淆视听为目的的观点。在他看来，资产阶级的本性是混淆差异和破坏等级，并且将多样化的生活形式杂乱无章地搅在一起，因为这样做符合资本主义的性质和内在要求。他还进一步指出，处于高级资本主义阶段的资产阶级最希望孕育出无阶级的幻觉。马克思认为，在资本主义社会，资产阶级和无产阶级（工人阶级）的对立伴随着资本主义社会发展的始终。那些鼓吹资本主义社会"无阶级"的人实质上是在为资产阶级压迫和剥削工人阶级的行为进行辩护。

当今西方反对马克思主义的第八种观点是："马克思主义者倡导的是暴力的政治斗争。他们拒绝了温和渐进式的变革道路，选择了通过制造血腥和混乱达成目标的革命方式。一小撮起义者揭竿而起，推翻旧政权并将自己的愿望强加给大多数人。这也正是马克思主义与民主制度势不两立的原因之一。"伊格尔顿承认革命常常会导致暴力和混乱，但他同时指出，许多社会变革也充满着暴力和混乱，而一些革命则显得相当和平。历史上，美国的民权运动就是美国白人对有色人种进行的残酷镇压和屠杀。事实上，马克思主义从来没有仅以暴力的多少为标准来界定革命的含义，更没有以动荡不安作为标准来衡量革命的好坏。无产阶级革命之所以必要，是因为资产阶级往往不会拱手让出自己的特权。另外，无产阶级革命是建立社会主义制度的必要手段，因为只有用革命的手段推翻资产阶级的统治，无产阶级才能建立自己的政权。用社会变革的方式来改变资本主义社会的现状是保守派的做法。

当今西方反对马克思主义的第九种观点是："马克思主义主张建立全面强大的国家。在这样的国家里不存在私有制，社会主义革命以专政集权的方式领导，这种方式将会彻底消除个人自由。"针对这一观点，伊格尔顿指出，马克思本人坚决反对国家，他甚至期待国家的消亡；他以一种冷静的、现实的眼光看待国家的存在；国家存在的价值在于保护和维护社会秩序，并对那些试图改变社会秩序的人进行规范和约束，但如果社会秩序本身是不公正的，则国家也是不公正的；马克思试图做的是终结这种不公正，而不是将国家变成一种限制个人自由的机器。他还进一步指出，马克思从来都没有否定个人自由，因为他设想的共产主义社会就是保证每个人都能够获得自由全面发展的理想社会。

当今西方反对马克思主义的第十种观点是："过去40年中，所有引人注目的激进运动都源自马克思主义以外的思想。女权主义、环保主义、同性恋和民族政治、动物权益保护运动、反全球化运动以及和平运动已经超越了马克思主义以阶级斗争为纲的陈旧传统，它们所代表的全新的政治激进主义形式也已经将马克思主义远远地甩在后面。马克思主义对于政治激进主义的贡献微乎其微，也无法引起人们的兴趣。政治左派确实依然存在，但是它适合于一种后阶级、后工业化的时代。"对此，伊格尔顿的批驳意见是，反资本主义运动是大势所趋，它代表一种合乎时代潮流的政治倾向，但这并不意味着反资本主义运动与马克思主义之间是一种决裂关系。事实上，许多反资本主义运动从马克思主义中获取了思想和理论资源。可以说，马克思主义与反资本主义的政治运动一直保持着良好关系。一个典型的事例是，马克思主义者往往都是妇女权利的维护者，也是反殖民运动的积极倡导者。马克思主义者往往还是环境保护主义者。马克思和恩格斯都十分重视自然环境保护，他们把自然环境视为人类在地球上生存的首要条件，反对人类过度开发利用自然，认为人类与自然的关系应该是一种和谐状态。

在当今世界，由于资本主义在与社会主义的对峙中表现出占优的态势，一些西方学者在对资本主义表现出自信、乐观的同时，对社会主义的未来表现出不自信、悲观的态度，并且对主张推翻资本主义制度的马克思主义进行了猛烈攻击。这在很大程度上扭曲了西方人对待马克思主义的态度，扭曲了他们对马克思主义的看法和评价，并且严重冲击了马克思主义的科学性和合理性。立足于这种时代背景，伊格尔顿勇敢地站了出来，驳斥上述反对马克思主义的错误观点，对它们进行深刻的剖析，揭露它们的错误，从而重申了马克思主义的科学性、真理性。马克思主义之所以遭到如此多的批评，并不是因为它本身是错误的，而是因为许多人故意曲解它的思想和理论。在伊格尔顿看来，马克思主义对人怀有热情的信念，对教条主义深恶痛绝，对社会主义社会和共产主义社会充满期待，对人权、民主、自由、平等、公正等社会价值的实现有强烈的追求，对人与自然关系的和谐有深切的向往，对妇女解放运动、世界和平运动、反法西斯运动、环境保护运动等社会运动发挥了不容低估的促进作用。虽然遭到了林林总总的曲解，但是马克思主义的科学性和真理性是不可动摇的，也是不可能被完全驳倒的。

伊格尔顿对上述十种反马克思主义观点的驳斥既是一种学理上的批驳，也是一种伦理意义上的批评。错误的观点之所以是错误的，并不仅是因为它是非科学的或不具有真理性，而且是因为它缺乏道德合理性基础。很多为某些错误理论进行辩解的人往往是出于不合道德的邪恶目的来进行相关辩护的。资本主义制度的既得利益者是不可能说资本主义制度是一种不道德的社会制度的，更不可能号召人们推翻资本主义制度。同理，伊格尔顿为马克思主义提供的辩护既是一种学理上的辩护，也是一种伦理上的辩护。正确的观点之所以是正确的，并不仅是因为它是科学的或真实的，而且是因为它具有坚实的道德合理性基础。只有那些真正追求真理和崇尚道德的人才可能真诚地为正确的观点、思想或理论提供强有力的辩护。伊格尔顿为马克思主义所做的辩护就属于这种。

二、唯物主义美学观

审美是人类社会生活的一个重要内容。美学是从人类审美的经验出发，对人类的审美意识、审美情趣、审美心理、审美行为、审美本质、审美效果等进行系统化理论运思的产物。美学是哲学的一个分支，它的主要研究对象是艺术美，因此被有些人称为"美的艺术的哲学"。审美意识、审美情趣、审美心理、审美行为、审美本质、审美效果等是美学研究的问题。

美学具有相对独立性，但作为哲学的一个分支学科，它的方法论总是要打上哲学方法的烙印。一般来说，美学也有唯物主义美学和唯心主义美学之分。也就是说，美学必然会追问：事物的美是先于人的思维而存在，还是后于人的思维而存在？唯物主义美学和唯心主义美学之间的分野因对这个问题的不同回答而形成。

美学不能不研究事物的美和人的审美思维之间的关系问题。唯物主义美学认为，事物的美先于人审美思维而存在，事物的美具有客观性，它不以人的主观意志为转移，但人对事物的美的感知和把握需要依赖哲学分析等思维活动；在表达审美经验的时候，人会启动自己的审美思维程序，并借助一定的表达方式、词语等来达到目的，因此，事物的美不是人为建构的东西，但由于人表达美的方法涉及人的主观思维活动，所以审美不可避免地具有主观性。唯心主义美学认为，事物的美后于人的审美思维而存在，事物的美只不过是人的审美思维、审美感受等得以展开的产物。人的审美思维决定事物的美，如果没有人的审美思维，事物的美就是不可想象的。因此，美是主观的，人的审美活动是主观的。

美学的认知曾经长期被认为是理性认知的对立面。这个观点直到现代才被新的观点所取代。现代美学观一般认为，美学的认知与理性认知之间不是一种对立关系，因为理性认知必然建立在感性认识过程上。唯物主义美学坚持认为美是人类社会实践、审美实践、创造美实践的产物，而美学则是对人类的历时性审美、共时性审美和创造美实践经验的理论化。坚持唯物主义美学观有助于推动哲学社会科学、自然科学的发展，尤其有助于推动文学艺术的繁荣，有助于推动人们形成正确的审美观，有助于培养健康的审美趣味，有助于提高审美、创造美的能力，从而使美学能够发挥改造社会、美化生活、完善人性的功能和作用。

作为一位马克思主义美学家，伊格尔顿认为："美学是作为有关身体的话语而诞生的。"在古希腊时期，美学首先不是艺术审美，而是人类感性思维活动的对象。18世纪中叶，"美学"这一概念也没有被人们用于标示艺术和生活之间的区别，而被认为是区别物质和非物质即事物和思想、感觉和观念的一个概念。也就是说，那时的美学反映的是人类对外部世界的一种经验性感知。因此，"美学是朴素唯物主义的首次冲动——这种冲动是身体对理论专制的长期而无言的反叛的结果"。

人类审美活动与人类社会的政治秩序有着密切关系。政治秩序建立在活生生的人类感性生活基础之上，它是人类感性生活不能不依靠的东西。因此，作为一门感性科学的美学必须反映人类感性生活的现实，而不是脱离这种现实。在 18 世纪的德国，人们对美学的追求反映了当时的德国对待政治专制主义的态度。当时的德国四分五裂，封建割据严重，缺乏统一的文化思想和精神，排他主义在社会上大肆流行。更可怕的是，各种封建割据势力将统治阶级精心设计的官僚体制强加于民，处于被统治地位的广大农民过着贫困潦倒、丧失人权的生活。德国资产阶级既遭到封建贵族势力的打压，又与下层人民格格不入，故而对国家政治生活和政治秩序的影响很有限。在那种历史背景下存在的德国资产阶级美学不可能挑战德国的政治权威，但它从一个角度映照了专制主义统治遭遇的意识形态困境。这种美学既要迎合德国资产阶级对感性生活的重视，又要反映其极端推崇理性的倾向。德国美学家鲍姆加登的美学就试图在这两者之间取得巧妙的平衡。他认为，审美介于理性的普遍性和感性的特殊性之间，它既有几分理性的完美，又有几分感性的混乱；美学被当成逻辑学的"姐妹"来看待，或者说，美学只不过是一种次级推理或理性在人感性生活的低层次上产生的一个学科。

在伊格尔顿看来，如果统治阶级要理解自身的历史，那么它就必须具有自己的认知模式。从根本上来说，历史是关于人类个体的问题，总是充满着诗意，故而历史不可能总是被局限于理性的范围内。如果统治阶级对自身的历史一无所知，那么其历史就会变成一种不可知的东西。作为一种理论话语存在的美学不能不对这种困境做出必要的、合理的反应。它只是作为理性的补充形式出现，并且致力于将启蒙时代倡导的具体化理性转变成一个超越理性、充满活力的领域。正因如此，18 世纪的德国美学将个人欲望、情感、修辞等纳入了它的研究内容。由于美学研究在方向上发生了这种转变，所以个人生活中的感性方面变得清晰起来，确定的具体化的东西完全可以进入人们的审美活动和审美话语系统。这样一来，美学就变成了一门"具体的科学"。

变成一门具体科学之后，美学研究的图景就发生了根本性变化。这意味着："在我们现象杂呈、混乱无比的物质世界里，确定的客体由于各种无形的变化而表现出一种模糊的类似于理性的完美，这些客体被认为是美的事物。某种想象力似乎要从内部显示出这些客体的感性存在，而不是漂浮于柏拉图式的空间里；因此，物质本身内部向我们展示了一种严格的逻辑性，这种逻辑性可从物质世界的脉动中直接感受到。"然而，人们不是通过理论争辩或分析而是通过观察和体验来认知这些美的客体，他们对美的认识源于他们自身的动物性生活，他们的生活不可避免地会表现出多变性和模糊性特征，他们也完全可能将他们自己获得的关于美的认识当成一种理性法则来加以遵守。

"与专制主义的强制性机构相反的是，维系资本主义社会秩序的最根本的力量将会是习惯、虔诚、情感和爱。这就等于说，这种制度里的那种力量已被审美化。这种力量与身体的自发冲突之间彼此统一，与情感和爱紧密相连，存在于不假思索的习俗中。如今，权力被镌刻在主观经验的细节里，因而抽象的责任和快乐的倾向之间的鸿沟也就相应地得以弥合。"在资本主义社会，遵守法律逐渐成为一种社会风俗或社会习惯，法律与人类的喜怒哀乐相联系，违背法律意味着对人类自身的背叛。这是一种全新的自我认知模式。它不仅能够使人类的审美思维与其生活的直接经验达到连贯一致，而且能够使人类在必然性中找到自己的自由。除此而外，它还能够推动人类步入制造仿效审美艺术品的新时代。

进入资本主义社会之后，新兴资产阶级逐渐将自身确定为审美主体，但其是将粗俗的个人主义与具体、特殊的事物相结合的一个阶级，因此其所追求的审美抽象性是令人怀疑的。在这种语境下，审美介入必然会将审美变成一种和解之梦，因为它梦想个体可以在无损个性的前提下紧密联系起来，并且幻想抽象的总体性能够充溢个体的生命。虽然每个资产阶级个体都以独立的人格存在，并且都为自己的独立人格感到欢喜，但他们毕竟是整个阶级的一个组成部分，他们的审美也只能在资产阶级的总体化进程中来进行。在资产阶级充当资本主义社会统治阶级的总体格局中，个人的兴趣、偏好、情感等实质上都沦为了资产阶级专制统治的替代品。资产阶级将自身视为审美主体，但其实际上是迷惑的，以至会错误地把必然性当成自由，把强制当成自律。

伊格尔顿说："审美从一开始就是个矛盾而且意义双关的概念。"它作为一种真正的解放力量而存在，因为它说明个体的主体性在审美的层面得到了体现；换言之，它说明每一个主体都能够在达成社会和谐的同时保持自己独特的个性。也就是说，审美成了资产阶级追求政治理想的一般方式，它变成了资产阶级确证自我决定和自律的新形式，使法律和欲望、道德、知识之间的关系得到改善，使资产阶级个体和集体之间的联系得到重建，并使整个资本主义社会的各种社会关系在风俗、情感、同情的基础上得到调整。另外，它又表现为一种"内化的压抑"。所谓"内化的压抑"，是指它把资本主义社会的统治逻辑作为审美的必有内容深深地置于审美者的身体中，并使之作为一种最有效的政治统治权发挥作用。在真正的审美活动中，作为风俗、情感和自发冲动的审美可以很好地与政治统治协调起来，但它们往往类似于激情、想象和感性而存在，并且通常处于分离状态。资本主义社会的统治阶级渴望的正是这种危险而模糊不清的审美主体性，因为其掌握的政治权力从根本上决定着其审美模式。

审美不仅需要建立在主体性基础上，而且需要基于特定的客体性。什么是审美的客体？伊格尔顿认为，从来就不可能单纯地存在某种审美客体，因为任何一点有待于理解的个别事实都必须由一张巨大而纵横交错的要素之网包罗起来，这是指人类的审美客体存在于世界万物构成的整体性之中。但他同时强调说："世界并非是某种存在于空间的客体，这与它所包容的那些事物不同，人类的实践将它算计来，算计去，使它绵延至今；这就是为什么对现象学而言，谈论'外部'世界是件奇怪之事，因为这似乎是说，原先就可能存在着一个没有人类身体组织和支撑的世界。"不过，如果人类从这种实证性的语境出发来进行审美，那么审美就完全可能变成一种难以确定的活动。"我们从来就无法从整体上把握事物，因为事物一离开我们的视线之隔便失去了踪迹，这意味着在任何实际的视野之外，还存在着一种无限可能的联系。"

人类之所以能够看见某物，是因为它显现于人们眼前，但促成这种显现的东西是人们看不到的。人们所接触的客体都具有易于理解的特性；否则，它们就不能成为人们的审美客体。客体的可理解性并非仅仅指事物具有的物理属性（如颜色或声音），它还包括一些带有神秘性的东西（如事物的本质），因此，人类并不能轻易地认定它的存在状况。有些事物只是对人类来说"显得"易于把握和理解，但它们实质上是神秘的，人类对它们所获得的认识、理解和把握完全可能不是事物的实际。

人类的审美活动是审美主体和审美客体之间建立的一种联系方式；具体地说，它是"此在"在其自身与"存在"之间建立的一种联系。"存在"说明的是世界上发生了什么事情、什么事情正在发生以及什么事情将要发生。"此在"的特殊使命就是理解存在，就是表现自己的判断力，它永远居于理解之中，永远居于判断力之中。只有在"此在"与存在的事物之间建立了这种联系之后，事物的自我显现才变得可能。

"当哲学变成实证哲学家的工具时，美学就可以用来拯救思想了。哲学强有力的主题被某种具体、纯粹、斤斤计较的理性所排遣，现在已变得无家可归，四处漂泊，它们寻求着一片蔽身的瓦顶，终归在艺术的话语中找到了安身立命之所。"哲学曾经高居"文化之王"的位置。如果艺术要取代哲学的权威性地位，那么它就必须将哲学从"文化之王"的位置上驱赶下来。这是尼采、海德格尔等西方哲学家的做法，他们都认为哲学只能在艺术中发展到极致。这种观点最终将人类的审美活动提升到了本体论的高度。

"存在是一种'凸出之物'，它的这种直立性或'矗立于彼'是一种永恒状态，是一种永不衰败的展开。"不过，人类对"存在"的吁求就如同英国启蒙思想家对道德的吁求一样，既是精神崩溃而流露出来的一种忏悔，也是一种富有修辞性的力量。通过吁求"存在"，人类可以得到一种不证自明的东西，它能够带给人类一种可以让人类自身直接感知的解脱感，并且使人类超越一切社会的复杂性和概念上的困惑，甚至使人类能够穿越任何定型化的理性话语而通达事物的本质。

审美是主体向客体的切近，但它总是在一定的社会历史条件下发生。资本主义社会有其特定的历史，正如马克思所指出的那样，它的发展动力是它自己永恒结构的不断重新创造。在审美活动领域，人类主体既是经验的具体，同时也是抽象的超越，他们在现象上受到规定，但在精神上却是自由的。在资本主义社会，由于商品形式在各个层面都被打上了唯心主义（理想主义）的烙印，主体和客体、形式和内容、感性和精神都处于彻底分裂的状态。海德格尔之类的哲学家将人类的审美活动进行泛化处理，使之变得无比抽象，资本主义社会中各种真实的政治关系、经济关系和文化关系都被掩盖。在资本主义社会，文化关系深陷在商品结构中，人们的审美活动深深地受制于资本主义商品生产的内在规定性。因此，"文化既是真理又是幻觉，既是认识又是虚假的意识；如同所有的精神那样，它受到来自自身存在的自恋性幻想的煎熬，但是在商品化社会中，以某种方式努力否定所有自我一致的虚假要求，幻想是艺术存在的模式，但并没有授予它倡导幻想的特权"①。

三、马克思主义的崇高

"美学中内含的唯物主义仍然可以得到拯救，但是，如果说可以把美学从窒息它的唯心主义的沉重负担下挽救出来，那么只能通过一种开端于身体本身的革命才能实现，而不是通过以理性为开端的为美学争取空间的斗争方式来实现。"② 伊格尔顿相信，人类完全可能在"身体"的基础上重新建构伦理、历史、政治、理性等社会价值。

伊格尔顿把马克思、尼采和弗洛伊德称为世界上最伟大的三位美学家。他认为这三位美学家都是以人的"身体"为基础来建构美学理论的，但他们对身体有不同的界定。马克思所说的身体是劳动的身体，在他的美学里，劳动的身体是美的。尼采所说的身体是受权力驱动的身体，在尼采的美学里，受权力驱动的身体是最值得赞美的身体。弗洛伊德所说的身体是被欲望支配的身体，在他看来，欲望是人类本能的表现形式，因此，它是一种自然美。

科学必须从人的感性意识和感性需要出发才是现实的。人类的全部历史就是要把人变成具有感性意识和感性需要的主体与对象。马克思倾向于从"身体"的角度来反思人类历史和人类社会。在马克思的思想和理论中，经济基础是人类社会的决定力量，但人类社会所拥有的经济活动体系与人类自身的身体有关。它只不过是人类身体被物质化而形成的一个隐喻而已。根据马克思的观点，农业是人类身体在土地中得到延伸的结果，工业是人类身体在工业产品中得到延伸的结果。在资本主义社会，资本是资本家身体得到延伸的产物。

要以人的身体作为出发点来说明伦理、历史、政治、理性等社会价值的来源，马克思主义必须解答这样一个问题：人类的身体是怎样把世界转换成自己的身体器官的？人类社会发展史是一部如何控制人类身体力量的斗争史，这在每一种试图对身体权力进行抑制的

---

① 特里·伊格尔顿. 美学意识形态［M］. 王杰，付德根，麦永雄，译. 北京：中央编译出版社，2013：337.
② 同上书，177-178 页。

社会制度内都留下了深刻印记。马克思借助经济基础和上层建筑的辩证运动规律来说明人类社会围绕身体权力展开的激烈斗争。上层建筑对那些能够读懂其符号意义的人来说就是压迫他们的身体以表明它自身的东西，因此，历史地描写身体的那些具体形式也就是描写那些生产它的东西。正是从这种意义上来看，语言是人类历史进步的标志，它具有一种感性本质。

伊格尔顿赞成马克思的观点，认为感觉是人类实践的基础，而不是一种用于沉思的器官。私有财产是一种与人类自身的身体相异化的东西，但人类往往希望借助它来表明其存在的价值。这是人类诉诸的一种感性表达方式，它的运用会使感觉的丰富性异化为一种单纯的个人冲动。一旦人类在身体上和智力上的感觉完全发生异化，人的本质就会蜕化为简单的财富追求。马克思曾经相信，资本主义会导致人的感性生活在两个相反的维度上发生分裂。所谓的两极分化就源自这种分裂。首先，资本主义用原始的、抽象的、本能的生理需要来解释男人和女人身体的丰富性。由于资本异化了资本家的感性生活，他们就借助资本的力量替代性地弥补异化的感性。他们坚信，凡是他们自己不能做到的事情，就能够利用金钱来做到；于是，资本变成了一种幻觉性的身体。"资本家越是断然放弃他的自我愉娱，把他的劳动奉献于这种类似于僵尸般的另一个自我，他也就越陷入间接的满足中去。资本家与资本都如同行尸走肉一般，一方面有生命却麻木不仁，另一方面没有生命的东西却活跃着。"① 资本主义社会具有一个冷酷无情的禁欲主义维度。其次，资本主义社会也具有一种幻觉性的审美主义，这就是它的颠倒镜像。这是指，如果感性的存在在某个层次上被从人的基本需要中剥离出来，那么它必然会在另外一个层次上被过分地夸大。这就像盲目的生理性雇佣劳动者的对立面是奇特的懒汉或追求自我享受的寄生虫一样。在资本主义社会条件下，每个人的身体都被从中间分裂开来，并且被创伤性地分割为畜生般的物质主义以及变幻莫测的理想主义，它要么太缺乏理想，要么太异想天开，要么与骨骼分离，要么膨胀为堕落的情欲。因此，人们所能做的只能是把彼此相反的方面引入对方的存在，自恋与他求并存，挨饿与过饱同在；一旦把整体性的身体自由撕裂为两半，人们就再也无法将它们重新整合在一起。

马克思主义的目标是要恢复人的身体被掠夺的力量，但只有先废弃个人的财产，所有的感觉才能回到它们自身。在伊格尔顿看来，马克思是最伟大、最深刻的美学家。他肯定马克思的观点，认为人类的感觉力量和能力的运用本身就是一种绝对的目的，任何功利性证明都是多余的；然而，人类感性丰富性的铺展是自相矛盾的，因为它的实现需要彻底颠覆资本主义社会关系。如果身体性的动力不能够从抽象需要的专制中释放出来，那么人就

---

① 特里·伊格尔顿. 美学意识形态 [M]. 王杰，付德根，麦永雄，译. 北京：中央编译出版社，2013：182.

不可能拥有审美化的生活；只有通过颠倒的状态，人才能够体验他自己的身体。人类感觉的主体性是一种客观事物、一种复杂的物质历史的产物，因此，如果没有对象的历史性转变，那么感性的主体性就不可能变得生机勃勃。

资产阶级美学对主体和客体的区分可能暂时地搁置，而马克思则坚持了这种区分，并对其进行了必要的超越。马克思主义美学思想与资产阶级的唯心主义美学思想有着根本区别。它坚持感觉解放的客观性物质前提，但同时认为感觉自始至终与对象和主体保持着联系。马克思认为，我们应该对工业的发展历史进行双重的解读。一方面，从历史的角度来看，人类身体是生产力的一种积累；另一方面，从现象学的角度来看，人类身体是一本关于人的本质力量的书。可见，马克思超越了资产阶级唯心主义哲学关于实践和审美的二元论。他对具体化概念重新予以定义，将传统的商品的感性组织界定为历史的产品和一种社会实践形式，并且把人的身体重新定义为工业化历史向前进化的一种表现形式。

马克思强调艺术的非功利性。在他看来，人类力量的实现不需要用比艺术作品更多的功能性理由来加以证明。艺术应该实现对肮脏的功利的超越，不应该建立在人类生理本能欲望的强制性劳动基础之上。"艺术是一种创造性剩余的形式，是对必然性的一种激进超越；按照拉康的术语，它是从需求（Demand）减去需要（Need）后的剩余。"① 马克思是通过使用"使用价值"这一概念来解构实践与审美之间的对立关系的。在马克思看来，实践必然包含具体的审美反应，它的对立面是对象的商品化抽象以及社会寄生虫的审美幻想——它将人的功利追求和审美快感、必然性和欲望的偶然性捆绑在一起，其结果是导致盲目消费。马克思还进一步指出，在审美过程中对任何一种客体的使用都不应该亵渎审美本身，而是应该将它抽象为一个空洞的容器，以使它在交换价值和非人性的需要之间摇摆。马克思强调的是，客体的功利性是审美的技术，而不是前提。他希望把人的审美活动从庸俗的拜物教中拯救出来。

美学研究关注感性与精神、欲望与理性之间的异化现象。与马克思一样，伊格尔顿认为这种异化现象内在于资本主义社会的本质之中。在资本主义社会，自然和人性都被严重工具化，工人的劳动过程受到欺骗和法律的支配，劳动与人的肉体快乐是分离的。在这种现实语境中，人的精神也不能与人的生活感觉达到和谐，因此，审美的形式和内容也不可能达到一致。人的身体的生产力受到强迫性理性的支配，完全被理性化和商品化；与此同时，人的身体具有象征性的本能内驱力，它或者被抽象为膨胀的食欲，或者被当成多余的东西而遭到抛弃。这种现实语境催生三种东西，即艺术、宗教和性。它们都是从人的劳动过程中分离出来的，这意味着："人类的创造力被从物质生产中删除，或者挥霍为理想化

---

① 特里·伊格尔顿. 美学意识形态 [M]. 王杰，付德根，麦永雄，译. 北京：中央编译出版社，2013：186.

的幻觉，或者在玩世不恭的扭曲中虚掷。资本主义社会既是无政府主义欲望的狂欢，也是极度非身体理性的国度。"[①]

马克思试图借助"使用价值"这一概念将人的感性和理性重新结合起来，并达到解放"使用价值"的目的，但只要商品仍然是整个社会的支配者，使用价值被解放的可能性就不存在。因此，如果美学要实现它自身，它就必须消解于政治之中，但美学本身就是政治，因而这种消解不一定真的能够有利于帮助美学实现其自身。如果人的欲望与非身体性的理性处于分裂状态，那么消除这种分裂的有效途径就只能是"革命的人类学"——这种人类学从人类理性的根源出发来思考欲望和非身体性性理性之间的关系问题，并且试图找到它们隐藏在人的需要和生产性潜力中的源头。要满足人的需要和实现人的潜能，人的身体就必须不断地与自身达到统一和同一，并且对共享的现实世界开放。在资本主义社会，这意味着人被其自身的创造性身体直接引导到公正、伦理等抽象的事物上，身体与利益之间的龌龊交易在一定程度上被减少。

马克思所使用的很多经济学范畴蕴含着丰富而深刻的美学思想。在马克思看来，商品只不过是感性与精神、内容与形式、特殊性与普遍性之间关系失调的表现形式。因此，他在《资本论》中说，商品既是又不是对象，既可以又不可以通过感觉来加以理解，既是又不是一种虚幻的具体化。在资本主义市场经济条件下，商品几乎无处不在，但它既可能是有形的，也可能是无形的；或者说，它既可能是在场的，也可能是缺席的。事实上，"商品是一种精神分裂的和自我矛盾的现象，仅仅是一种象征，一种意义和存在都完全不一致的统一体，以及作为外在形式的偶然负荷者的感性身体存在"。[②]

马克思的很多政治学范畴也蕴含着丰富而深刻的美学思想。马克思认为，真正的人类和社会简单地呈现为"无形式"和"无机物"，资本主义社会注定要分裂为两个部分。一方面，它作为一个文明社会而存在，社会主体表现为一种感性的、个体的和直接性的存在；另一方面，它作为一种政治国家而存在，国家的主体表现为一种抽象的、非自由的和伦理化的人。因此，国家唯心主义的完成意味着文明社会唯物主义的完成，只有先克服抽象与具体、形式与内容之间的分裂，资本主义社会的政治解放才是可能的，因为这种政治解放是要使现实的、个体的、直接性的人变成抽象的、非自由的和伦理化的公民；或者说，它旨在将个体的人变成一种从属于社会的人。在马克思看来，民主社会是一种理想的人工制品，民主的形式就是民主内容的形式；没有民主的社会是没有达到要求的艺术作品，因为在这样的艺术作品中，形式对物质来说是外在的东西。马克思强调，社会解放或

① 特里·伊格尔顿. 美学意识形态 [M]. 王杰，付德根，麦永雄，译. 北京：中央编译出版社，2013：189.
② 同上书，第191页。

政治解放必须是形式和内容之间所达到的一种审美融合。

马克思的审美理想是审美内容和审美形式的统一。伊格尔顿认为："在马克思自己严格认真的文学风格中，他努力达到这样一种统一，憎恶浪漫主义在这两方面的不相称，以及用华丽的装饰来修饰无聊的内容。"① 马克思强调，单纯的形式是没有价值的，除非它是内容的形式。

马克思将他一贯强调内容和形式相统一的思想进一步延伸到他对生产力和生产关系之关系的相关论述中。在资本主义社会，生产力和生产关系并不是统一的。只有进入共产主义社会后，生产力和生产关系才能达到完全一致。伊格尔顿认为马克思的观点是正确的，应该被我们直接采纳，因为资本主义的生产模式是由最狭隘的利润动机和自我利益来推动的，但这种可耻动机的结果却是有史以来生产力的最大积聚。另外，资产阶级现在已经把这些力量带到这样一个历史拐点：如果说社会主义者关于自由社会秩序的梦想在原则上可以得到实现，那么这就意味着社会主义只有在物质发展的这样一个高层次的基础上才是可能的。伊格尔顿认为，马克思看到了生产力在资本主义社会的大规模释放与人类自身的丰富性的展开之间存在密切关系的事实，承认资本主义使人类个体的个体性特别是个体的创造力达到了空前丰富的程度，并且创造了很多新的社会交往形式。但这一切的实现都是有代价的，例如，空前强大的人类创造力大幅度提高了人类控制自然环境的能力，并且使人类应对疾病、饥荒和自然灾害的能力得到了极大增强，但这同时也使人类遭受了生态危机的巨大危害。

资本主义促进了人类生产力的大发展，为社会主义取代资本主义提供了前提条件。这是一个具有讽刺意味的事实。对马克思来说，艺术就是这种讽刺的一个很好的例子。马克思认为艺术的繁荣是以社会的不成熟为条件的。在不成熟的社会状态下，原有的正义观念和社会和谐观念发挥着广泛的作用，商品生产对其影响不大，但人类一旦进入商品社会，艺术就会出现某种形式的退化。资本主义社会是典型的商品社会。资本主义所释放的生产力是空前巨大的，它为社会主义艺术的发展提供了广阔的基础。从长远来看，社会主义艺术的大发展是可以期待的。

马克思的美学思想和他的伦理思想是联系在一起的，马克思并不是像有些人说的那样没有伦理思想。伊格尔顿认为："马克思并不完全拒绝伦理道德，只是在宏观尺度上将道德从上层建筑转化为基础。"② 在马克思的伦理思想中，人的道德追求与人对自我实现的追求是高度一致的。人类的生产力不需要引入其他地方的伦理判断，即特定的道德领域，

---

① 特里·伊格尔顿. 美学意识形态 [M]. 王杰，付德根，麦永雄，译. 北京：中央编译出版社，2013：193.

② 特里·伊格尔顿. 美学意识形态 [M]. 王杰，付德根，麦永雄，译. 北京：中央编译出版社，2013：206.

因为它本身就含有伦理判断，不道德被认为是生产力发展的障碍。追求"人的全面自由发展"是马克思的最高政治纲领和最高道德理想目标。马克思希望将伦理审美化。同时，他还坚持康德的反审美的"应当规范"，鼓励人们在实现社会主义的斗争中牺牲自己的全面发展来换取他人的最大幸福。由此可见，马克思主义不是一种个人享乐主义，而是对全人类解放的追求。

在马克思主义理论框架中，现实与未来既是分离的，又是连续的。这使它与改良主义、乌托邦主义等有本质区别。在马克思主义美学思想的框架中，资本主义是一种压迫性的社会秩序，它在创造巨大的社会生产力的同时也产生了推翻它的力量。人类社会流变到资本主义社会阶段，其历史发展到自身反对自身的阶段。伊格尔顿同意马克思的观点，他认为："通过那些承受了这些工具的残忍所造成的全部伤痕的人们，历史将被转变。在有力量的人疯狂横行的情况下，只有那些没有力量的人才能给我们展开人性的形象，而人性注定要获得力量，并且，通过这样做，使那个术语的意义得以改变。"[1] 马克思主义是在敦促人们超越资本主义社会现实，把人类社会发展的希望寄托在那些"没有力量的人"，即在资本主义社会中处于被压迫、被剥削地位的人，将人们的眼光引向实现理想社会的伟大希望，并在此基础上表现出自身内在的优越性。马克思主义是关于文化和文明的理论，它立足于现实，却始终朝着崇高的理想攀登。马克思主义是无比崇高的。

第三节　理论反思之马克思道德思想的深化与拓展

赫勒认为马克思的思想框架中的伦理问题通常是边缘的。马克思着重论述了社会意识对社会存在的依赖，而伦理学则作为社会意识的一个方面被他在社会存在的超结构展示的框架中加以处理，沿着异化的方向结束，社会存在的整体转型通过集体诉讼的革命实现了每一个人与人的结合，从而为个体伦理提供了充分而完美的条件。

赫勒对道德在马克思理论中地位的评估包含了一些正确的东西。因为从表面上看，在马克思和恩格斯的理论中，尤其是 1845 年以后的著述中，马克思不仅没有具体的伦理问题，而且很少涉及具体的个人、情感状态及其生存状况，更多的是运用"阶级"这个概念的群体层面来分析其具体的社会经济生活和政治斗争领域。他们认为道德仅仅是意识形态的一部分，表现在某一民族的政治、法律、道德、宗教、形而上学等的语言中的精神生产

---

① 特里·伊格尔顿. 美学意识形态 [M]. 王杰，付德根，麦永雄，译. 北京：中央编译出版社，2013：213.

也是这样。"① 意识形态是人们物质活动的直接产物，道德是意识形态的众多要素之一。此外，马克思、恩格斯也在许多地方作过类似的论述。

实事求是地说，如果过分地关注类似的阐述，容易导致一种误解：道德问题在马克思和恩格斯理论中居于次要位置。而且，如果无限夸大社会中经济基础的重要性，就会导致意识结构以及内部要素被无限缩小，进而导致人本身被忽视的境况。

但一旦我们深入接触到马克思、恩格斯本人的著作时，表面现象就立刻消失了，所有的误解也随之消失了。马克思、恩格斯对道德的理解并没有停留在表面，即只把它作为意识形态中的一个要素，这只是理解全面性道德的一个方面，他们只关注理论意义上的道德。从本质上讲，马克思、恩格斯的理论还包含着道德的另一个方面：实践的道德，其核心是对个人发展的深切关注。毫不夸张地说，马克思、恩格斯的理论本身所体现的核心思想是围绕着对真实的、个体的人的描述和比较，以及对异化的人——工人和资本家的表现。这一过程体现了他们对个体的关注，同时也体现了他们的批判活动对道德理论的实践。因此，从这个意义上说，赫勒的道德理论是对马克思道德思想的继承和发展，这也是赫勒在很多人并不认为她是一个真正的马克思主义者的情况下仍然坚持自己是马克思主义者的原因之一。在厘清赫勒与马克思道德思想的关系之前，我们首先要厘清马克思和恩格斯理论中所包含的道德思想。

一、马克思和恩格斯理论中蕴含的道德思想

（一）道德的两种维度："理论的道德"和"实践的道德"

通过对马克思、恩格斯经典理论的解读可以发现，在某种意义上，他们对道德的解读包括"理论道德"和"实践道德"两个维度。这两个维度是不可分割和相互依赖的。如果将二者人为地分离开来，强调一个而忽略另一个，那么对于"马克思理论中有道德还是有伦理"这个问题，很多人会有不同的回答。但如果我们把他的理论的两个维度有机地结合起来，这个问题的答案无疑是肯定的，除了必须指出的第一点：在马克思、恩格斯的理论中，他们强调两个维度的相互联系，不是把道德理解简单地当作意识形态领域的一种道德理论，而是更多地关注"道德实践"，因为伦理维度的核心是现实的，在一定的社会关系中，是符合人的"阶级"的实践。为了更好地理解这两个维度，我们首先应该厘清"理论的道德维度"。

---

① 马克思, 恩格斯. 德意志意识形态（节选本）[M]. 中共中央马克思恩格斯列宁斯大林著作编译局, 译. 北京：人民出版社, 2003：16.

所谓"理论的道德"是指立足于某一时代物质条件基础之上的一套道德体系。自从人类进入阶级社会以来的道德理论本身具有阶级性，马克思青年时代在《莱茵报》时期，就已经意识到了道德与特定人群的物质利益、与阶级紧密相连。正是因为这一点，马克思和恩格斯才一贯地反对"青年黑格尔派"中存在的脱离现实条件而仅仅关注意识中以"抽象的"形式存在的道德理论。正如马克思和恩格斯所说："我们不是从人们所说的、所设想的、所想象的东西出发，也不是从口头说的、思考出来的、设想出来的、想象出来的人出发，去理解有血有肉的人。我们的出发点是从事实际活动的人，而且从他们的现实生活过程中还可以描绘出这一生活过程在意识形态上的反射和反响的发展。甚至人们头脑中的模糊幻象也是他们的可以通过经验来确认的、与物质前提相联系的物质生活过程的必然升华物。因此，道德、宗教、形而上学和其他意识形态，以及与它们相适应的意识形态便不再保留独立性的外观了。它们没有历史，没有发展，而发展着自己的物质生产和物质交往的人们，在改变自己的这个现实的同时也改变着自己的思维和思维的产物。不是意识决定生活，而是生活决定意识。"① 马克思和恩格斯是从现实的个人及他们进行的物质活动出发，这一点被赫勒所继承和发展，赫勒也是从现代社会中双重偶然性生存的个人出发，并跟随他们的路径，阐明他们在各种行动中如何生活和思考才能成为"好人"，即如何才能过一种道德的生活。

在阶级社会迄今为止，任何社会的道德理论首先都是阶级的道德，而不是真实的人的道德，即"理论道德"具有阶级性。正如马克思在《法兰西内战》中所说："财产的任何一种社会形式都有各自的'道德'与之相适应，而那种使财产成为劳动之属性的社会财产形式，决不会制造个人的'道德限制'，而会将个人的道德，从阶级束缚下解放出来。"② 也就是说，任何时候的主导思想都是统治阶级的思想，为了维护自己的主导地位和利益，必然会创造出一套理论体系，以道德原则来为自己服务，而大多数时候，这些"特殊的理论体系"却打着"普遍利益"的幌子来实施统治。"理论的道德"思想精华淋漓尽致地体现在恩格斯在《反杜林论》中所传达的思想中，他指出："如果我们看到，现代社会的三个阶级即封建贵族、资产阶级和无产阶级都各有自己的特殊的道德，那么我们由此只能得出这样的结论：人们自觉地或不自觉地，归根到底总是从他们阶级地位所依据的实际关系中——从他们进行生产和交换的经济关系中，获得自己的伦理观念。"③ 这就表明，阶级社会中，任何道德理论体系的产生都源于其特殊的经济条件。不同的人群为了维护自身利

---

① 马克思，恩格斯. 德意志意识形态（节选本）［M］. 中共中央马克思恩格斯列宁斯大林著作编译局，译. 北京：人民出版社，2003：17.

② 马克思，恩格斯. 马克思恩格斯选集（第3卷）［M］. 中共中央马克思恩格斯列宁斯大林著作编译局，译. 北京：人民出版社，1995：114.

③ 同上书，第434页。

益，都纷纷宣扬自己的道德理论。

据此，恩格斯强调，我们拒绝任何道德教条，因为它是永恒的、终极的、不变的伦理法则强加给我们的一切不合理的要求，理由是道德世界中还有超越历史和民族差异的不变原则。相反，我们认为，以前的一切道德主义，归根结底都是当时社会经济条件的产物。直到现在，社会一直处于阶级对立中，所以道德总是阶级的道德，要么为统治阶级的统治和利益辩护，要么在被压迫者足够强大时代表被压迫者的未来利益。没有人怀疑，在这里，正如在人类知识的所有其他分支中一样，道德在整体上取得了进步，但我们还没有一种超越阶级的道德。只有当阶级对立不仅在现实生活中被消灭，而且被遗忘在这种对立的社会发展阶段，超越阶级对立和对这种对立的记忆，真正的人类道德才有可能。恩格斯的思想清楚地表达了"理论的道德"的历史性和阶级性，因为它是随着阶级的分化而形成的，是建立在民族国家差异的基础上的。由此可见，马克思、恩格斯并非不重视道德，而是应该重视什么样的道德，如何理解道德成为他们理论的焦点。同时，我们也应该看到马克思、恩格斯自己对阶级社会中人的道德和非阶级社会中人的道德区别开来。

在马克思、恩格斯的理论中，"实践的道德"是一种注重个人与"阶级"在现实生活中不断接近的活动。这种道德类型是马克思、恩格斯自始至终关注的道德类型，贯穿其整个理论的始终。这一不断达到的目的主要由马克思和恩格斯清醒而冷静地批判现实的资本主义生产关系以及两个对立的阶级，围绕"主体的一个道德问题工人（现实）如何在具体的社会关系中扬弃其自身的力量"的问题来进行。总之，马克思、恩格斯本质上关注的是解决"实践道德"的核心问题——个人如何在更高阶段与"阶级"真正统一。只有实现阶级与个人的统一，才能摆脱阶级压迫，获得解放。从支配和支配人的生产关系的束缚中解放出来；摆脱偶然性的存在，成为个体人格的确定存在，从而实现真正的人的道德。因此，马克思、恩格斯更加注重对现实生产关系的批判实践活动，使其道德理论摆脱了因其丰富的历史和现实而只停留在意识层面的抽象道德理论，完成了从"武器的批判"到"批评的武器"的转变。为了说明马克思、恩格斯对"实践道德"的重视，下面我们将详细阐述这一重要维度。

（二）"实践的道德"：马克思和恩格斯更关注的道德维度

马克思、恩格斯所关注的"道德的实践"维度，在大空间上是通过对真正的人、真正人的生存状态与异化的人、异化人的生存状态之间的明显对比，即劳动异化论对马克思提出的"道德的实践"维度的批判深刻体现了马克思的劳动异化理论。也就是说，马克思的劳动异化理论不仅是对人的生存状态的一种生存论分析（批判），而且是一种深刻的道德分析（批判）。不仅对劳动异化理论，而且对旧的劳动分工、私有财产和资本主义生产关系的批判也包含着上述立场。

（1）马克思对"实践的道德"维度的理解，不是抽象地就道德而谈道德，而是将其与现实的个人联系起来。对于这一点，马克思和恩格斯曾经多次强调过，在《黑格尔法哲学批判》的导言中马克思曾经说过："人不是抽象地蛰居于世界之外的存在物。人就是人的世界，就是国家、社会。这个国家、这个社会产生了宗教，一种颠倒的世界意识，因为它们就是颠倒的世界。"① 在之后的《德意志意识形态》中两人又将这一问题进一步深化，他们认为，"全部人类历史的第一个前提无疑是有生命的个人的存在。因此，第一个需要确认的事实就是这些个人的肉体组织以及由此产生的个人对其他自然的关系"。② 这里马克思、恩格斯指的是现实的、能够进行实践活动的、生活在一定社会关系中的个人。正是在这一点上，人区别于动物，即人与动物的本质区别在于人能够进行生产自己生活资料的实践活动。同时，这些个体也受到一定的物质前提和条件的限制和支配。从以上论述可以看出，马克思、恩格斯首先强调了"实践的道德"的载体是能够进行生产活动的现实的个人。

（2）马克思、恩格斯从具体的资本主义社会关系出发，批判了人自身的异化及与之相关的道德异化。马克思、恩格斯认为，真实的个人生活在真实的、具体的社会关系中，人的本质是在同一代或几代人的不断接触中产生和发展的。"一个人的发展取决于和他直接或间接进行交往的其他一切人的发展；彼此发生关系的个人的世世代代是相互联系的，后代的肉体的存在是由他们的前代决定的，后代继承着前代积累起来的生产力和交往形式，这就决定了他们这一代的相互关系。总之，我们可以看到，发展不断地进行着，单个人的历史决不能脱离他以前的或同时代的个人的历史，而是由这种历史决定的。"③ 也就是说，马克思、恩格斯强调个人本质所包含的历史继承性和社会特征。同样，真正的道德也是如此。正是在个体与他人之间形成的社会关系中，形成了各种伦理规则，并形成了个体与各种伦理规则之间的实践关系。但是，现实的个人和与之密切相关的道德在现实的资本主义生产关系中都失去了原本的意义，这也是事实。

众所周知，资本主义生产关系是随着劳动分工的不断扩大、资本的血腥原始积累和私有财产的不断集中而形成和发展起来的。在这个过程中，特别是在资本原始积累的过程中，劳动与生产资料的迅速分离，使劳动本身成为一种商品。这样，劳动者在劳动过程中玩的就不是显示其本质力量的劳动，而是作为满足自身生存手段的异化劳动。当然，这也

---

① 马克思，恩格斯. 马克思恩格斯选集（第1卷）[M]. 中共中央马克思恩格斯列宁斯大林著作编译局，译. 北京：人民出版社，1995：1.

② 马克思，恩格斯. 德意志意识形态（节选本）[M]. 中共中央马克思恩格斯列宁斯大林著作编译局，译. 北京：人民出版社，2003：11.

③ 马克思，恩格斯. 马克思恩格斯全集（第3卷）[M]. 中共中央马克思恩格斯列宁斯大林著作编译局，译. 北京：人民出版社，1960：515.

导致了资本运作的不断加速，其追求利润最大化的本质得以实现。所以，它是在劳动者与生产资料分离的前提下，马克思从资本主义现状和国民经济学家的理论出发，分析了资本主义生产关系中异化的主要表现是劳动的异化，正是劳动的异化导致人作为"非人类"（工人和资本家），导致个人的完整性被打破，它导致传统道德规则和运行逻辑的消失，而真正的人类道德作为非人类的道德存在。要使真实的个人和真实的道德回归本真，只有通过对现实的资本主义生产关系的批判才能实现。为此，马克思和恩格斯展开了一个现实主义的批判过程，以实现对现实人的道德回归。

首先，马克思、恩格斯专门探讨了劳动的异化及其根源。马克思在《1844年经济学哲学手稿》中阐述了异化劳动的四个规律，即劳动产品与劳动者的异化、劳动本身与劳动者的异化、人与自身性质的异化、人与他人的异化，指出了资本主义条件下异化劳动的起源。这根源于旧的劳动分工的深化和扩大，以及劳动和生产资料的分离。

所谓旧式的劳动分工是建立在人的非自愿基础上的，这种分工会导致劳动与人本身的分离，成为一种独立的力量。正如马克思和恩格斯所揭示的那样，只要劳动分工不是自愿的，而是自然的，那么人自己的活动对他来说就是一种外来的力量，而这种力量反过来又压迫着他，而不是他控制着它。这就是异化的起源。

对于旧式分工的形成过程和后果，马克思和恩格斯也在《德意志意识形态》中给予了充分的阐述，也就是说，真正的劳动分工，物质劳动和精神劳动一旦形成，就会给人们带来消极的结果，即劳动分工会使人们朝着碎片化的方向发展。如果大多数工人成为一个整体，被限制在单一的劳动操作中，他们将越来越多地为了最基本的生存需要而相互竞争。

不仅如此，工人和机器之间也存在着竞争，因为随着机器的不断更新换代和机器操作程序的不断简化，机器就能够替代人去完成一部分工作，这将大大减少工人的使用量，进而使得工人的处境更加悲惨。正如马克思指出，"分工使工人越来越片面化和越来越有依赖性；分工不仅导致人的竞争，而且导致机器的竞争。因为工人被贬低为机器，所以机器就能作为竞争者与他相对抗"。①

后来，马克思在《雇佣劳动和资本》中进一步强调了劳动分工的这一严重后果，认为劳动分工越精细，劳动越简化，工人的特殊技能就越失去了价值。工人成为一种简单、单调的生产力量，不需要繁重的体力或智力投入，他的工作变得人人都能从事。结果，工人们被四面八方的竞争者排挤出去。而且，工作越简单，越容易学习，需要学习的生产就越少，工资就越低。换句话说，劳动越是不能给人以乐趣，越是令人生厌，竞争也就越激烈，工资也就越少。总的来说，旧的劳动分工对个人产生了严重的后果。它撕裂了个人的

---

① 马克思. 1844年经济学哲学手稿 [M]. 中共中央马克思恩格斯列宁斯大林著作编译局，译. 北京：人民出版社，2000：11.

真实存在，把工人变成了一个"会说话的机器"。在这样的社会发展过程中，出现了个人与人的"类本质"不是朝着同方向，而是相反的方向。每个生活在这样一个社会里的人都不可能是一个真正有个性的人，而是一个被异化的人。

其次，马克思考察了资本主义社会中私有财产的来源及本质。马克思在《1844年经济学哲学手稿》中指出了私有财产的产生，私有财产的产生既与封建社会中的土地占有有着不可分割的联系，又与旧式分工紧密相联。他指出："私有财产的统治一般是从土地占有开始的；土地占有是私有财产的基础。但是，在封建的土地占有制下，领主至少在表面上是领地的君主。"① 尽管这样，马克思认为，无论是所有者和土地之间的关系，还是所有者与劳动者的关系，封建社会中和资本主义社会中的土地占有制形式都存在着本质区别。在封建土地占有中，领主和土地之间存在着比单纯实物财富关系更加密切的关系的外观，即地块与领主的个性、爵位、特权等相一致，同时，领主与农奴之间虽然存在着剥削关系，但是还存在着比较温情的一面。然而到了资本主义社会中，情况则变得截然不同，"把人和地块连结在一起的便不再是人的性格、人的个性，而仅仅是人的钱袋了"②，即土地所有者和劳动者之间在资本主义社会中仅剩下单纯的统治和被统治、剥削和被剥削的关系了。从这里我们也可以看出，不仅仅旧式固定化的分工可以导致人的完整性的分裂，同时私有财产的出现也加剧了这一分裂进程，所以马克思和恩格斯后来在《德意志意识形态》中说，"私有财产不仅夺去人的个性，而且也夺去物的个性"③。之所以这样说原因在于，在封建社会中，土地、机器等这些物品虽然可以被其占有者出租出去，但是它们却并不会因此失去其内在固有的特性。而到了资本主义社会中，这些物品却成为了私有财产的基础。而且，它们一旦与金钱相联系，其内在的独特性便消失了。除此之外，就本质来说，资本主义社会中私有财产的获得也与异化劳动密切相关，它是劳动外化后的产物和结果。

最后，旧的劳动分工、异化的劳动和私有财产导致了资本主义社会道德的异化。马克思、恩格斯虽然没有明确说明资本主义社会的道德异化，但通过对社会现实的资本主义生产关系的批判，可以看出他们对核心问题的关注，但他们认为只有对道德的理论或制度进行短暂的批判是无可奈何的，只有分析隐藏在现实背后的本质，才能很好地解释问题，为人们的现实行动提供理论依据和指导。因此，马克思、恩格斯正是通过资本主义生产关系所造成的每个人的片面的、偶然的存在来讨论道德异化的。道德异化主要表现为人的尊

① 马克思. 1844年经济学哲学手稿［M］. 中共中央马克思恩格斯列宁斯大林著作编译局，译. 北京：人民出版社，2000：44.

② 同上书，第45页。

③ 马克思，恩格斯. 马克思恩格斯全集（第3卷）［M］. 中共中央马克思恩格斯列宁斯大林著作编译局，译. 北京：人民出版社，1960：254.

严、自由、个性的丧失和现实需求的扭曲。

一方面，在旧式分工、劳动异化以及加剧的竞争中，人本身的尊严、自由等被无情抹杀掉。正如他们指出："资产阶级在它已经取得了统治的地方把一切封建的、宗法的和田园诗般的关系都破坏了。它无情地斩断了把人们束缚于天然尊长的形形色色的封建羁绊，它使人和人之间除了赤裸裸的利害关系，除了冷酷无情的'现金交易'，就再也没有任何别的联系了。它把宗教虔诚、骑士热忱、小市民伤感这些情感的神圣发作，淹没在利己主义打算的冰水之中。它把人的尊严变成了交换价值，用一种没有良心的贸易自由代替了无数特许的和自力挣得的自由。总而言之，它用公开的、无耻的、直接的、露骨的剥削代替了由宗教幻想和政治幻想掩盖着的剥削。资产阶级抹去了一切向来受人尊崇和令人敬畏的职业的神圣光环。它把医生、律师、教士、诗人和学者变成了它出钱招雇的雇佣劳动者。"① 由此可见，真正的人在资本主义生产关系中已经蜕变为资本家和工人这两大直接对立的阶级，而且在金钱和利润的统治下，两者更是已经蜕变为失去良心的资本家和失去尊严的工人，都成了片面的、不健全的人。不仅如此，人与人之间曾经淳朴和美好的关系也被金钱和竞争主宰，从而失去了其原初的意义。

另一方面，在资本主义社会中，人本身的个性也被抹杀，而变为资本的奴隶，即"在资产阶级社会里，资本具有独立性和个性，而活动着的个人却没有独立性和个性"②。也就是说，在资本主义社会中，资本家和工人都发生了异化，在劳动者和生产资料两分的前提下，没有生产资料的人沦为工人，为了活下去，他们唯一能出卖的只有自己的劳动力，因而劳动力变成了一种商品，由其所有者即雇佣工人出卖给资本家的一种商品。在这里，马克思洞察到了资本主义社会中的一个悖论：作为工人内在生命活动的劳动变成了外在于自己的手段。也就是说，"劳动力的表现即劳动是工人本身的生命活动，是工人本身的生命的表现。工人正是把这种生命活动出卖给别人，以获得自己所必需的生活资料。可见，工人的生命活动对于他不过是使他能够生存的一种手段而已。他是为生活而工作的。他甚至不认为劳动是自己生活的一部分；相反，对于他来说，劳动就是牺牲自己的生活。劳动是已由他出卖给别人的一种商品。因此，他的活动的产物也就不是他的活动的目的"③。因而，当一部分人变成了工人时，他们就失去了真正的人的本质特征，即自由自觉的人类的实践活动，为了活下去，他们什么都可以做；同样，资本主义社会中与工人相对应的资本家亦失去了真正人的个性和人的尊严，其活动依旧受资本的运行逻辑所支配，正如马克思所说："工人和资本家同样苦恼，工人是为他的生存而苦恼，资本家则是为他的死钱财

① 马克思，恩格斯. 马克思恩格斯选集（第1卷）[M]. 中共中央马克思恩格斯列宁斯大林著作编译局，译. 北京：人民出版社，1995：274-275.

② 同上书，第287页。

③ 同上书，第335-336页。

的赢利而苦恼。"① 这充分说明了资本主义生产关系中，每一个人都失去了自己的个性，唯一剩下的能将人们联系起来的就是没有个性的金钱了。

在这里，应该将人的个性和人的个别性这对范畴区别开来。对于两者的区分，马克思和恩格斯在《德意志意识形态》中曾隐讳地指出："各个人的出发点总是他们自己，不过当然是处于既有的历史条件和关系范围之内的自己，而不是意识形态家们所理解的'纯粹的'个人。然而在历史发展的进程中，由于在分工导致社会关系的必然独立化，一个人的个人生活同他的屈从于某一劳动部门以及与之相关的各种条件的生活之间出现了差别。这一现象不应当理解为，似乎食利者和资本家等已不再是有个性的个人了，而应当理解为，他们的个性是由非常明确的阶级关系决定和规定的，上述差别只是在他们与另一阶级的对立中才出现，而对他们本身来说，上述差别只是在他们破产之后才产生。"②

乍看上去，在资本主义社会中工人和资本家都失去了自己的个性这一事实和资本家有个性这一事实之间似乎存在着矛盾，实际上两者之间并没有矛盾。个性，后者说的只是特殊性和个体性，每个资本家都有自己的运作方式和行为方式，这种方式无疑是为了更大的利益的考虑，其中的特殊性和个人的体现都是屈服于金钱和商品的规则，屈服于资本的力量，而不是他们真正喜欢做的事情，这不是真正的人的本质力量的真实表现。由于资本家一直生活在特定的社会中，他们会受到所处的社会关系和阶级关系的制约。为了在激烈的竞争中生存，他们虽然有自己独特的性格和管理模式，但却失去了个性，成为"单向度的人"。

除此之外，资本主义生产关系中，每个人的真实需要都发生了扭曲，正如马克思在《雇佣劳动和资本》中所说："一座房子不管怎样小，在周围的房屋都是这样小的时候，它是能满足社会对住房的一切要求的。但是，一旦在这座小房子近旁耸立起一座宫殿，这座小房子就缩成茅舍模样了。这时，狭小的房子证明它的居住者不能讲究或者只能有很低的要求；并且，不管小房子的规模怎样随着文明的进步而扩大起来，只要近旁的宫殿以同样的或更大的程度扩大起来，那座较小房子的居住者就会在那四壁之内越发觉得不舒适，越发不满意，越发感到受压抑。"③ 它还表明，生活在特定社会关系中的人们的需求和满足不是用他们拥有的东西来衡量的，不是用他们真正的需求，而是用他们扭曲的、虚假的需求来衡量的。

---

① 马克思. 1844 年经济学哲学手稿［M］. 中共中央马克思恩格斯列宁斯大林著作编译局，译. 北京：人民出版社，2000：9.

② 马克思，恩格斯. 德意志意识形态（节选本）［M］. 中共中央马克思恩格斯列宁斯大林著作编译局，译. 北京：人民出版社，2003：63-64.

③ 马克思，恩格斯. 马克思恩格斯选集（第 1 卷）［M］. 中共中央马克思恩格斯列宁斯大林著作编译局，译. 北京：人民出版社，1995：349.

从本质上讲，马克思、恩格斯所描述的异化、人本身的片面化和道德异化随着现代社会科学技术的迅速发展而更加深入。在这方面，20世纪西方马克思主义学派的许多思想家都深刻地展示了这一趋势：卢卡奇阐述了理性时代的具体物化形式，如人的数字化、主体的物化、人的原子化物化具体表现形式的阐述；霍克海默和阿多尔诺对现代人的落后状态的描述，揭示了现代人面对取代一切令人眼花缭乱的新形式，没有能力用耳朵去听他们没有听过的东西，没有能力用自己的手去触摸他们没有的东西；马尔库塞为我们展示了失去否定性维度的"单向度的人"；弗洛姆对现代人不健全心理机制的刻画；等等。以上诸多思想家的揭示和批判无不表明异化发展的广度和深度，无不表明现代人和现代道德的片面化发展趋势。

综上所述，从马克思恩格斯思想以及很多20世纪西方马克思主义思想家的社会批判理论中，我们可以看到这种资本对劳动的追逐在资本主义生产关系中的后果：一方面使资本家更快地获得更大的利润，另一方面使工人的生活状况恶化，从而导致了人的异化和道德的异化的真实场景。正如马克思所说："资本由于无限度地盲目追逐剩余劳动，像狼一般地贪求剩余劳动，不仅突破了工作日的道德极限，而且突破了工作日的纯粹身体的极限。它侵占人体成长、发育和维持健康所需要的时间。它掠夺工人呼吸新鲜空气和接触阳光所需要的时间。它克扣吃饭时间，尽量把吃饭时间并入生产过程本身，因此对待工人就像对待单纯的生产资料那样，给他饭吃，就如同给锅炉加煤、给机器上油一样。资本把积蓄、更新和恢复生命力所需要的正常睡眠，变成了恢复精疲力竭的有机体所必不可少的几小时麻木状态。"[①] 但马克思、恩格斯对资本主义的复杂关系和残酷现实并非麻木不仁或漠不关心，而是对现实世界的关注和批判。他们既不对劳动异化的意义进行消极的批判，也不一般地反对社会中的私有财产，也不一般地否定人本身的虚荣心，更不只是停留在对造成道德异化的一些成分和原因的指责和批评，因为他们所做的只是从个人感情的角度对道德批判产生了怀疑。

正如恩格斯在《反杜林论》中也指出："这种诉诸道德和法的做法，在科学上丝毫不能把我们推向前进；道义上的愤怒，无论多么入情入理，经济科学总不能把它看作证据，而只能看作象征。相反地，经济科学的任务在于：证明现在开始显露出来的社会弊病是现存生产方式的必然结果，同时也是这一生产方式快要瓦解的征兆，并且在正在瓦解的经济运动形式内部发现未来的、能够消除这些弊病的、新的生产组织和交换组织的因素。"[②] 正是基于此，马克思和恩格斯在寻找出路时，并没有期望唤醒资产阶级个体资本家的良知

---

① 马克思，恩格斯. 马克思恩格斯选集：第2卷［M］. 中共中央马克思恩格斯列宁斯大林，译. 北京：人民出版社，1995：197-198.

② 同①第3卷492.

和同情心，而是立足于资本主义生产关系的内部，期望无产阶级团结起来消除对私有财产的占有来奴役他的生产关系，从而进行一场根本性的革命，回归真正的人与真正的道德。这个目标是建立在旧的劳动分工、私有财产、竞争和资产阶级的积极方面的基础上的。

（三）马克思、恩格斯系统地分析了导致人分裂诸要素的积极意义

首先，旧式劳动分工的积极意义。毫无疑问，我们的最终目标是试图消除人的偶然性生存，而消除人生存的外在偶然性的重要途径之一就是消灭旧式分工，但消灭旧式固定分工的前提则是通过分工的不断深化和细化来进行，因为旧式的劳动分工在某种程度上，能够带来生产力的高度发展和交往的普遍化。正如马克思和恩格斯在《德意志意识形态》中所说，"社会活动的这种固定化，我们本身的产物聚合为一种统治我们、不受我们控制、使我们的愿望不能实现并使我们的打算落空的物质力量，这是迄今为止历史发展的主要因素之一。受分工制约的不同个人的共同活动产生了一种社会力量，即扩大了的生产力"①。也就是说，随着旧式分工不断向广度和深度发展，片面发展的个人由于专注于特定部件或者物品的生产，就能够在同样时间内生产出更多的物品，即固定分工的发展能够大大提高个人的劳动效率，这也极大地推动了生产力的发展，而生产力的发展是社会进步和人类发展的前提条件。所以，在生产力发展的低级阶段，不能人为地消灭分工和私有财产，而是应该充分利用分工的另外一面作用，即运用其提高社会生产力，增加社会财富，促使社会精美完善，增进资本积累，促进社会福利增长的作用。否则，如果取消了现在的分工方式，反而会导致社会陷入倒退、人处于迷信和不道德的境地。

其次，生产力的这种发展是绝对必要的和现实的前提，因为只有生产力的这种普遍的发展，才能建立人与人之间的普遍的交往。普遍交往产生了"没有财产的"群众同时存在于所有民族之间的现象（普遍竞争），使每个民族都依赖于其他民族的变革；最后，区域性的个体被世界历史的、经验上普遍的个体所取代。否则，（1）共产主义只能作为一种区域性的东西而存在；（2）交往的力量本身不能成为一种普遍的、因而也就不能承受的力量，它们将停留在它们地方的、笼罩着迷信气氛的"状态"；（3）交往的任何扩大都会消灭地域性的共产主义。共产主义只有作为占统治地位的各民族"一下子"同时发生的行动，共产主义在经验上是可能的，这是以生产力的普遍发展和相关的世界交往为前提的。②

马克思和恩格斯在这里表达了唯物主义历史观的思想，社会进步归根结底取决于生产力的发展以及由此带来的交往的普遍化。如果没有这两者的发展，社会的进步和人的发展

---

① 马克思，恩格斯. 德意志意识形态（节选本）[M]. 中共中央马克思恩格斯列宁斯大林著作编译局，译. 北京：人民出版社，2003：29-30.

② 同上书30-31.

就成了无本之木、无源之水。所以说，马克思和恩格斯看到了旧式的固定分工给人们带来的积极意义，即可以提高社会生产力、促成普遍的社会交往。

再次，大工业带来人们之间的竞争也具有积极的意义。大工业的发展不仅仅会使各种竞争激烈化，同时它也提供了一种可能性的解放力量，即它创造了赤贫的无产阶级。正如马克思和恩格斯所说："大工业通过普遍的竞争迫使所有个人的全部精力处于高度紧张状态。它尽可能地消灭意识形态、宗教、道德等等，而在它无法做到这一点的地方，它就把它们变成赤裸裸的谎言。它首次开创了世界历史，因为它使每个文明国家以及这些国家中的每一个人的需要的满足都依赖于整个世界，因为它消灭了各国以往自然形成的闭关自守的状态。"[①] 大工业不仅破坏了各民族的特殊性，而且创造了一个巨大的处于社会底层的工人阶级，这个阶级在所有的民族中都有着相同的利益和肩负着相同的民族独特性的使命，民族独特性在它那里已经消灭，这是一个真正同整个旧世界脱离而同时又与之相对立的阶级。大工业不仅使工人和资本家之间的关系，而且使劳动本身成为工人无法忍受的东西。

最后，资本家本身也具有积极意义。异化劳动虽然包括人与人之间的异化，即一方面资本家对工人进行赤裸裸的剥削和统治，资产阶级和征服者犯了许多罪行，使许多工人和被压迫民族蒙受屈辱；但另一方面，它们又是历史的非自愿工具，所以马克思对资产阶级的看法并不是单纯的情感否定，而是看到了它们存在的积极意义。资产阶级在特定的历史时期，有创造新世界的物质基础的任务。它不仅创造了建立在人类相互依存基础上的普遍交流以及交流的手段，而且发展了生产力，使物质生产成为科学对自然力量的支配。资产阶级工商业正在为新世界创造这些物质条件。

为了恢复一个失去的乐园，实现真正的人和真正道德的复归，马克思、恩格斯将这一希望寄托在生产力和生产关系的发展上，并推动生产力和生产关系的普遍改善，真正的权力不是个人的，而是工人阶级的现实和集体的行动。他们认为解放不是在思想领域，而是在解放的实际历史活动中。这就是说，对于实践的唯物主义者即共产主义者来说，整个问题就是使现存世界革命化，实际地反对并改变现存的事物。

关于这一点，我们看到，马克思和恩格斯更多地关注工人阶级现实的斗争，但他们没有阐述一个非常重要的问题，那就是工人阶级受压迫意识的产生。如果大多数工人都不知道自己受到压迫，他们怎么能站出来进行真正的斗争和反抗呢？正如马尔库塞所描述的"单向度的人"，他们对自己的方方面面都很满意，但同时又失去了否认和批评的能力。同样，19世纪中期工人的生活条件，我们现在认为是可悲的，在当时并不是这样，如果工人

---

① 马克思，恩格斯. 德意志意识形态（节选本）[M]. 中共中央马克思恩格斯列宁斯大林著作编译局，译. 北京：人民出版社，2003：58.

不知道压迫，他们怎么能抵抗呢？因此，对于工人阶级意识的觉醒，马克思在其著作中并没有详细阐述。

尽管马克思在《黑格尔法哲学批判》的导言中关注了这一问题，对这一问题的简要阐述是以德国人为原型的，他指出："问题在于不让德国人有一时片刻去自欺欺人和俯首听命。应当让受现实压迫的人意识到压迫，从而使现实的压迫更加沉重；应当公开耻辱，从而使耻辱更加耻辱。"① 在这里，马克思强调了唤起个人压迫意识的重要性，但在其后的著作中则较少关注这一问题。对工人阶级意识觉醒这一问题的强调则被后来的卢卡奇在《历史与阶级意识》中进一步深化和发展，他指明无产阶级意识对于无产阶级革命具有至关重要的作用。

当然，无论是马克思和恩格斯还是卢卡奇，他们都认为单个工人受压迫意识的觉醒以及人们解放的目标都必须依靠共同体的力量才能完成，而且是依靠这一力量在现实生活中反抗才能真正完成，除此之外，意识形态中的反抗或者单个人的力量都无以达到以上目标。正如马克思和恩格斯指出："个人力量（关系）由于分工而转化为物的力量这一现象，不能靠人们从头脑里抛开关于这一现象的一般观念的办法来消灭，而是只能靠个人重新驾驭这些物的力量，靠消灭分工的办法来消灭。没有共同体，这是不可能实现的。只有在共同体中，个人才能获得全面发展其才能的手段，也就是说，只有在共同体中才可能有个人自由。"② 这就表明，在资本主义生产关系中，旧式分工方式已经将人们整合到一个拥有巨大力量的体系中，被异化的个人，无论是工人还是资本家，靠自己的力量根本不能够改变社会现实。那么，对于工人来说，只有融入无产阶级这一共同体中，才能完成推翻现有不合理生产关系的目标，以实现自己的真正自由。

马克思和恩格斯所说的共同体是真正的共同体，即在资本主义社会中，主要指将绝大多数的工人联系起来的阶级共同体。因而，为了形成真正的共同体，马克思和恩格斯期待着工人之间能够放弃竞争，通力合作，进行革命，以实现自己的利益。正如马克思和恩格斯在《共产主义者同盟中央委员会告同盟书》中所说："我们的利益和我们的任务却是要不间断地进行革命，直到把一切大大小小的有产阶级的统治全都消灭，直到无产阶级夺得国家政权，直到无产者的联合不仅在一个国家内，而且在世界一切举足轻重的国家内都发展到使这些国家的无产者之间的竞争停止，至少是发展到使那些有决定意义的生产力集中到了无产者手中。对我们说来，问题不在于改变私有制，而只在于消灭私有制，不在于掩

---

① 马克思，恩格斯. 马克思恩格斯选集（第1卷）［M］. 中共中央马克思恩格斯列宁斯大林著作编译局，译. 北京：人民出版社，1995：4-5.

② 马克思，恩格斯. 德意志意识形态（节选本）［M］. 中共中央马克思恩格斯列宁斯大林著作编译局，译. 北京：人民出版社，2003：63.

盖阶级对立，而在于消灭阶级，不在于改良现存社会，而在于建立新社会。"①

个人只有站在阶级和阶级关系上，才能完成推翻资本主义社会不合理的生产关系的任务，成为真正的个人。否则，大多数工人仍将陷入极度贫困。马克思、恩格斯在无形之中将真正的共同体与各种虚假共同体区分开来。真正的社区与个人是一致的，个人生活在社区中，在社区中，个人感到自由；另一方面，虚幻的共同体在于个体的独立存在。它是一个阶级对另一个阶级的联合，所以它对个人是一种具有约束力和支配性的力量。

简单回顾马克思和恩格斯自身思想中所蕴含的"实践的道德"，实际上留下了两个有待思考的问题：第一个问题，目标的高尚性和道德性能否通过卑劣手段来实现，还是说手段或过程的卑鄙性能够实现目标的高尚性和道德性？第二个问题，马克思和恩格斯所说的工人阶级解放力量，今天还适用吗？

回答第一个问题，从马克思和恩格斯的整体理论语境来看，答案是肯定的，无论是英国等资本主义国家在印度、中国等亚洲落后国家的一切卑劣行径，还是在资本主义国家内部资本家对工人实行极其恶劣的剥削和统治，这一切都是作为一个过程，最终都是为了完成历史的任务，也就是实现人类尊严的崇高目标，真正实现人类的道德。但真的是这样吗？与100多年前的工人相比，今天的工人受到的剥削和奴役真的少了吗？今天的人们真的更快乐吗？现在的人们更道德了吗？今天的人为灾难真的比过去少吗？我们真的离最终目标更近了吗？

第二个问题的答案较为模糊。马克思希望，一旦工人阶级能够正视他们的生活现实和他们之间的相互关系，他们就能克服冷漠，团结起来成为解放的力量。但是，当今天的人们每天忙于找工作、买房子、赚钱、找到更好的工作、买更大更好的房子、赚更多的钱等外在目标时，我们又有多少人关心别人呢？还有多少人关心整个人类的解放？当今天被科技整合的人们在身心疲惫地独自面对这个世界时，他们的精神缺陷使他们无法关怀他人和社会，如何真正团结在一起，仍然是我们需要解决的问题。总之，太多的问题留给了生活在今天的人们。

（四）"理论的道德"和"实践的道德"之间的关系

马克思和恩格斯的道德思想中包含的这两种维度与阿尔都塞所认为的"认识论断裂"存在着根本差别。众所周知，阿尔都塞用他的老师巴谢拉尔的"认识论断裂"这一概念来描述马克思思想发展的历程。他指出："（1）在马克思的著作中，确确实实有一个'认识论断裂'；据马克思自己说，这个断裂的位置就在他生前没有发表过的、用于批判他过去

---

① 马克思，恩格斯. 马克思恩格斯选集（第1卷）[M]. 中共中央马克思恩格斯列宁斯大林著作编译局，译. 北京：人民出版社，1995：368.

的哲学（意识形态）信仰的那部著作：《德意志意识形态》""（2）这种'认识论断裂'同时涉及两种不同的理论学科。在创立历史理论（历史唯物主义）的同时，马克思同自己以往的意识形态哲学信仰相决裂，并创立了一种新的哲学（辩证唯物主义）""（3）这种'认识论断裂'把马克思的思想分成两个大阶段：1845 年断裂前是'意识形态'阶段，1845 年断裂后是'科学'阶段。第二阶段本身又可以分成两个小阶段，即马克思的理论成长阶段和理论成熟阶段"①。以上这几点是阿尔都塞对马克思理论的看法，他将之分成两个断裂的部分，而我们所说的马克思道德思想中蕴涵的"理论的道德"和"实践的道德"这两个维度之间虽然存在差别，但却是不可分割的：前者不仅为道德的含义提供了理论上的依据，而且还一直贯穿在后者中，而后者的展开过程都是以前者为指导的。这就与阿尔都塞所谓的"认识论断裂"严格区分开来，具体来说两者之间的关系如下：

纵观马克思的思想历程，"理论的道德"的解放主要是建立在现实的生产关系解放基础上，同时，它为"实践的道德"提供了理论方向。从前面我们对马克思思想的阐述，可以看到马克思在其整个理论批判活动中，并没有停留在纯粹道德范围内，即没有停留在"理论的道德"层面来批判资产阶级对于工人阶级的残酷统治和剥削。其理论批判的重点放在了对现实生产关系的改造上，对产生异化的根源——现实的物质生产关系进行了批判，因为只有最本源的现实不合理的生产关系被改造之后，每一个人才能成为真正的人，真正的人的道德也才能够在新的社会关系中得以实现，进而实现"实践的道德"。因此，"理论的道德"和"实践的道德"二者是一致的。

"实践的道德"关注"理论的道德"的解放，进而贯穿在马克思一生的理论和实践活动中。无论是马克思早期直接对现实的道德批判，还是在《关于费尔巴哈的提纲》和《德意志意识形态》之后，马克思对"从前的哲学信仰清算"后转向对现实的资本主义生产关系进行批判，都足以说明马克思对现实生产关系的批判活动的目的是为了人和人的道德回归。尽管在不同时期他关注的重点不同，但这不足以说明他的思想存在着所谓的"认识论断裂"，他一生致力于"实践的道德"的方向从未改变过，因此，阿尔都塞有一句话是正确的："马克思虽然否认人道主义是理论，但他毫不取消人道主义的历史存在。无论在马克思以前或以后，人的哲学在真实世界中还是经常出现的。"②

因此，总的来说，"实践的道德"侧重于通过各种途径关注着"理论的道德"的解放，从而实现真正的人与真正的道德的回归，这是马克思一生从未中断、从未改变的理论与实践方向。

---

① 路易·阿尔都塞. 保卫马克思 [M]. 顾良，译. 北京：商务印书馆，2006：15.
② 同①227.

二、个性道德：马克思道德思想的新拓展

马克思、恩格斯理论中蕴含的道德思想，这不仅表明他们的理论中蕴含着丰富的伦理道德思想，而且表明在面临现代化和现代性发展的社会历史背景下，赫勒的道德理论不仅没有割断与马克思道德思想在理论上的联系，而且与马克思的道德思想有着更深的亲缘关系。赫勒的道德理论是对马克思、恩格斯"实践的道德"困境的深入拓展。当然，在继承的过程中，她抛弃了自己认为存在的问题，融入了浓厚的犹太文化元素和许多其他思想家的观点。

（一）赫勒继承了马克思理论中的辩证法思想

当我们谈到马克思的辩证法时，首先想到的是我们熟悉的马克思主义哲学原理中经常提到的东西。马克思颠倒了黑格尔的唯心主义辩证法，发现并吸收了其"神秘外壳中的合理内核"，实现了哲学史上的伟大革命。但事实上，马克思的辩证法有着更为深刻的内涵。

具体来说，马克思的辩证法实质上是用更加本源性的"实践"辩证法更换了唯心主义中思维过程的辩证法，才实现了哲学史上的伟大变革。马克思在《关于费尔巴哈提纲》中指出："人的思维是否具有客观的真理性，这不是一个理论的问题，而是一个实践的问题。人应该在实践中证明自己思维的真理性，即自己思维的现实性和力量，自己思维的此岸性。关于离开实践的思维的现实性或非现实性的争论，是一个纯粹经院哲学的问题。"① 即人的思维的运动过程实质上并不是静态的，它是立足于动态的、历史的实践过程中加以展开的，同时，因为实践活动具有直接现实性特征，才使得由思维过程凝成的理论本身没有仅仅停留在"解释世界"的层面上，而是力求"改变世界"。

由此衍生出马克思辩证法的更深层次内涵，即现实生活或现实世界中存在着两种相互冲突的画面：一种是"坚固的"的图景，另一种是"融化的"的画面，这一正反两方面构成的图景体现了辩证法。对于这一点，马歇尔·伯曼在《一切坚固的东西都烟消云散了》中进行了具体而深刻的分析。他认为，在马克思的《共产党宣言》中处处都可以看到矛盾和悖论变动的场景：生产关系的不断变更；资产阶级和无产阶级的关系；资产阶级本身的历史作用；资本、竞争、分工等因素的作用……总之，资本主义社会中处处都充满了辩证法。

进而，伯曼提出来一个关键性的论断：马克思所提出的充满矛盾和悖论、不断变动的

---

① 马克思，恩格斯. 马克思恩格斯选集（第 1 卷）［M］. 中共中央马克思恩格斯列宁斯大林著作编译局，译. 北京：人民出版社，1995：58-59.

辩证法走向了寸步难行的境地。正如他指出:"马克思相信,资产阶级社会中生活的冲击和大变动和大灾难,能使得现代人在经历过它们后像李尔王那样,发现自己的'真实面目'。但如果资产阶级社会如马克思认为的那样动荡不安,那么其人民怎么能够确定任何真实的自我呢?自我在外部面对着各种各样的可能性和必需品的狂轰滥炸,在内部面对着各种不顾一切的冲动的驱使,谁又能怎样明确地肯定,哪些东西是本质的而哪些东西仅仅是偶然的呢?新的赤裸的现代人的本性最终也许表明,它像旧的穿衣人的本性一样,难以捉摸和神秘莫测,也许更加难以捉摸,因为已不再存在对隐藏在面具后面的一个真实自我的幻想。于是,与集体和社会一起,个性本身也会融化在现代的空气之中。"① 无疑,这里伯曼提出了一个很重要的问题,现代社会中的自我如何在不断的变化中得以确定?对于这一问题,赫勒在其理论中给予了解答:依靠"好人"自身来加以确定。因为好人已经进行了普遍性范畴下生存的选择,即选择自己作为道德的存在。做了这一选择的好人能够进行双重性质的自我反思,能够对他人承担起全面的责任,尽管并不是对每一个人承担责任,他们是真正自由的存在,他们也能够保存德性、规避邪恶……所以,正是对道德本身的选择,才使得"好人"及其自我可以在不断的变动中,在德性语言和规则被严重破坏的情况下,能够直面各种不确定性和悖论。

赫勒在其道德理论中继承了马克思的辩证法思想,即继承了他所描述的现代社会的不断变动性特征,以及由此引发的悖论和矛盾。例如,她对现代社会中自由的理解:作为一切事物基础的自由本身却没有基础。此外,在很多地方,赫勒都在马克思意义上表明现代社会中到处可见的矛盾和悖论。但她对此状况并没有陷入消极悲观的情绪中,而是立足于悖论力图实现其道德"乌托邦"的构想。这种态度源于赫勒看到的事实:现实社会中的确存在着无数的"好人",这些"好人"身上具有坚定的自我同一性的品质。简而言之,"好人"在践行着实践(Praxis)哲学的内在要求。而"实践哲学"在赫勒看来是现代人特定的自然态度,因为他们将自己的偶然性转换成命运,他们能够创造着自己的命运。这体现了赫勒对马克思实践辩证法思想的继承和深化。

(二)赫勒拓展了马克思理论中的"实践的道德"维度

马克思和恩格斯在其理论中重视改造现实生产关系对人的全面自由发展和回归现实道德的重要作用,强调解放的力量要依靠全体无产阶级,但这并不意味着他们忽视了个人以及人的个性的重要性。在他的思想中,贯穿其理论的一个核心问题是真正的人与作为"异化人"的资本家和工人之间的对比,后者主要是指生活在资本主义社会中的因失去个性而

---

① 马歇尔·伯曼. 一切坚固的东西都烟消云散了 [M]. 徐大建,张辑,译. 北京:商务印书馆,2003:142.

变成了偶然性生存的个人。

对于两者之间的区别，我们在前面阐述马克思和恩格斯思想时已经说得很多，在此就不再赘述。更重要的是，马克思和恩格斯在《德意志意识形态》中对个人生活的"偶然性"作了解释："有个性的个人与阶级的个人的差别，个人生活条件的偶然性，只是随着那本身是资产阶级产物的阶级的出现才出现。只有个人相互之间的竞争和斗争才产生和发展了这种偶然性本身。因此，各个人在资产阶级的统治下被设想得要比先前更自由些，因为他们的生活条件对他们来说是偶然的；事实上，他们当然更不自由，因为他们更加屈从于物的力量。"① 即他们指出了个人失去自由变成"非人"的原因是由现实生活中这些偶然性条件所造成的。

同时，马克思和恩格斯还区分了"有个性的个人"与"偶然性的个人"。他们认为，有个性的个人与偶然的个人之间的差异不是概念上的差异，而是历史事实。这种区别在不同的时期有不同的含义。例如，在18世纪，地位对个人来说是偶然的，在某种程度上对家庭来说也是偶然的。这种区别不是我们为每个时代所画的，而是每个时代为自己所画的，在它所发现的不同的现成因素之间的区别，不是在概念方面，而是在物质生活冲突的影响下划定的。一切对于后来时代来说是偶然的东西，对于先前时代来说则相反，即前时代所遗留下来的因素的偶然，是与一定的生产力发展水平相适应的交往形式。正是在这个基础上，他们指出，人要重新发现自己的个性，就必须以现实为基础，排除生活的外在的偶然条件，而不是仅仅在意识中进行革命，所以，"无产者，为了实现自己的个性，就应当消灭他们迄今面临的生存条件，消灭这个同时也是整个迄今为止的社会的生存条件，即消灭劳动。因此，他们也就同社会的各个人迄今借以表现为一个整体的那种形式即同国家处于直接的对立中，他们应当推翻国家，使自己的个性得以实现"②。

与此同时，他们还设想了未来的共产主义社会，在这个社会里，真正的人会诞生。例如恩格斯在《反杜林论》中提到：当社会成为一切生产资料的主人，并且能够在社会范围内有计划地使用这些生产资料时，社会就会以自己的生产资料消除对人类的奴役。不用说，除非每个人都解放了，否则社会就不能解放。因此，旧的生产方式必须彻底变革，特别是旧的劳动分工必须消失。取而代之的应该是一种生产组织，在这种组织中，一方面，个人不能把他在生产劳动中的角色，即人类生存的自然条件，归给另一个人；另一方面，生产劳动为每个人提供了全面发展和表现自己全部的能力的机会，包括身体上和精神上的

---

① 马克思，恩格斯. 德意志意识形态（节选本）[M]. 中共中央马克思恩格斯列宁斯大林著作编译局，译. 北京：人民出版社，2003：64.
② 同①65.

能力，因此它不再是一种奴役的手段，而是一种解放的手段，从而从一种负担变成一种乐趣。① 也就是说，共产主义社会中，当旧式分工消失后，现在被异化的人（工人和资本家）也就真正作为人而存在，个人也才能够真正发展自己的自由个性。

赫勒正是继承了马克思的理论中关于"偶然性生存的人和具有个性的人之间区分"的思想，将偶然性生存的个人作为她的道德理论的出发点，并进一步指出，现代人都是处于双重偶然性的生存状态中，即出生的偶然性和成长的偶然性，如果人们要想摆脱双重偶然性生存的状态，那么就必须进行生存性的选择，实现生命的"跳跃"，成为一个自我同一的"好人"，从而将双重偶然性转化为确定性生存。

在本质上，赫勒在马克思理论的基础上进一步提出了"现代人生活在双重偶然性生存"的理论，这实际上源于社会历史条件的发展变化，这进一步促进了生活在今天的人的偶然性意识的逐渐觉醒。毫无疑问，如果在马克思和恩格斯生活的 19 世纪中期，绝大多数人（无论是资本家还是工人）没有充分意识到他们生活的条件时，那么生活在今天的人们已经并非完全如此。当人们在今天的生活中面对更多的自然灾害，尤其是"第二自然"灾害时，他们比以往任何时候都更感到被束缚，无力反抗。因此，今天的人们比以往任何时候都感到更加孤独和虚无。这反过来又增加了一个人漂浮、随意和"无家可归"的存在体验。因此，赫勒在阐述"人所生活的偶然的社会条件和个体的逐渐消失"时，赫勒继承了马克思的理论，并在此基础上进行了进一步的发挥。

面对此种状况，是否人类真的无能为力、必须要坐以待毙？答案当然是否定的，萨特告诉我们要"在绝望中怀有希望"，因而构建了他的作为人道主义的存在主义。马克思和恩格斯则将希望放在无产阶级共同体的肩上，期待他们能够改变现实的生产关系，从而在不断的现实运动中逐渐实现共产主义，完成真正的人和真正道德的回归。

正是在对未来的期望中，赫勒发现并继承了马克思"自由个性"的事业，并在此基础上，将希望寄托在了现代社会中存在的无数"好人"身上，从一个全然不同的视角勾勒了一幅道德"乌托邦"梦想。实事求是地说，赫勒并不完全赞同马克思将"自由个性"实现的任务放在"阶级"这一框架内的观点。因为这一解决方式在今天存在着一些问题，正如美国思想家马歇尔·伯曼指出的那样：马克思试图通过工人之间的联合来实现共产主义的这种设想"令人目眩，但当你努力观看时却又闪烁不定。……现代的男女完全可能更喜欢卢梭式的绝对自我的独处的悲壮，或者伯克式的政治假面剧的集体性着装的舒适，而不

① 马克思，恩格斯. 马克思恩格斯选集（第 3 卷）［M］. 中共中央马克思恩格斯列宁斯大林著作编译局，译. 北京：人民出版社，1995：644.

是更喜欢马克思试图将两者的优点碘合在一起的努力"①。也就是说，随着时代背景的转换，现代人的观念也发生了变化，他们对待集体已经不抱太大的期望，因为很多时候，正是集体狂热吞噬了个人的存在。正是鉴于此，赫勒也改变了马克思和恩格斯的路径，转而将解放的力量寄托在现代社会双重偶然生存的个人身上。

此外，赫勒在继承马克思理论的同时，更注重人与社会发展的偶然性而非必然性的作用。不用说，从马克思和恩格斯在许多文本中，很容易感受到他们对未来社会和人本身的发展充满乐观，或者，更准确地说，在他们的理论中，主导基调是未来社会和人的发展走向解放的必然方向，即通过工人的真正努力，未来社会和人将会更好，更完美。对此，赫勒持怀疑态度，光明的未来并不是那么不可避免和一定会实现，有太多的偶发事件在起作用。

正如她指出："现代男男女女们选择作为偶然性的现代世界。他们意识到无论什么样的存在都不是通过必然性而存在的，因为它应该也不存在。"② 也就是说，在赫勒看来，马克思是用"人们能够在前定条件下创造他们自己的历史"的名言总结了现代偶然性意识，对于马克思来说，这种前定的条件是必然的。但在赫勒眼中所谓的前定的条件也仅仅是一种可能性，所以她认为马克思并没有转向并直面偶然性，而只是在历史目的的概念、必然性的历史机构和（必然性）进步的理念下寻求着庇护所。

那么我们如何看待马克思和赫勒回归个体的不同路径呢？如何理解现代思想家的怀疑态度？不可否认，这与时代的变迁，尤其是现代性的影响有着密切的联系。

阶级之间的直接对抗在今天更加隐秘。显然，从马克思恩格斯的生活发展到资本主义社会的今天，随着科学技术的发展，机器的不断更新、完善，工人的不断斗争，资本家再也看不到剥削工人的手段，尽管对自然的剥削没有任何改变，也没有明显降低剥削程度，但至少在表面上看来，工人的生活状况并没有过去那么悲惨，无论是从工人与老板之间的关系等，还是从文化消费的角度来看，都没有造成太大的差异，所以，阶级与阶级的对立这一概念已经逐渐趋于边缘化，以至于很多人发出"阶级消失"的论调。

赫勒的理论也是在此基础上进一步前行的，尽管她并没有讨论"阶级和阶级差别是否消失"的问题，但是她的理论中确实较少谈到阶级以及阶级斗争这一问题，而更多关注的是马克思所提到的"偶然性的个人"存在这一事实，并在此基础上阐明现代人对自己双重偶然性生存的自觉。马克思和恩格斯曾经指出，"对于无产者来说，他们自身的生活条件、劳动，以及当代社会的全部生存条件都已变成一种偶然的东西，单个无产者是无法加以控

---

① 马歇尔·伯曼. 一切坚固的东西都烟消云散了［M］. 徐大建，张辑，译. 北京：商务印书馆，2003：141.

② Agnes Heller. A Phdosophy of Morals［M］. Oxford：Basil Blackwell Ltd.，1990：138.

制的，而且也没有任何社会组织能够使他们加以控制。单个无产者的个性和强加于他的生活条件即劳动之间的矛盾，对无产者本身是显而易见的，特别是因为他从早年起就成了牺牲品，因为他在本阶级的范围内没有机会获得使他转为另一个阶级的各种条件"①。也就是说，马克思和恩格斯在这里明确描述了存在于工人之外的各种偶然性条件，它们控制着工人，使他们没有办法获得自由。而赫勒则在此基础上，将马克思和恩格斯描述的这种生存的偶然性条件进一步发挥，并将之作为个人选择和道德展开的现实前提，她一再强调，偶然性存在的个人只有选择道德的生存，选择作为好人而存在，才能摆脱现实中各种外在偶然性条件的束缚，实现生命中的跳跃，成为一个自由的个人。同时，只有如此选择，也才能够克服现代虚无主义的来临。

因此，赫勒既不像马克思那样把希望寄托在无产阶级身上，也不像卢卡奇那样把希望寄托在无产阶级的整体意识上，而是寄托在有个性的"好人"的品格上，希望通过人与人之间的相互交流，能够把生存的机会转化为生存的必要性，回归到完整的人格和道德人格。因此，赫勒对个体人格的阐述和个体道德的实现，是对马克思"有个性的人和偶然性的人区别"理论的深化和拓展。在这个深化的过程中，虽然不排除人与人之间的矛盾，但与阶级和阶级斗争无关。

当今科技力量的负面后果渐渐深入到人内心中，在更深层次上统治人、支配人和压抑人，充分体现了劳动异化的普遍化趋势。在今天，科学技术正渐渐侵入到人们的生活当中，破坏着人们的统一关系，使得每一个人都独自面对强大的外在力量，科学技术进而还深入到人的内心中对其进行压制，导致人们失去了任何形式的反抗。对于这一问题，法兰克福学派中的马尔库塞、弗洛姆等思想家都给予了深刻的批判。所以，现代人面临的已不再是如何满足基本生存需要的问题，而是面临着如何摆脱现代合理性进程中工具理性、科技理性对人内心压制的问题。换句话说，在今天唤起每一个人内心的反抗意识已经变得尤为重要。这就是赫勒将解放的力量主要寄托在个人身上的社会原因之一，同时也是她反复强调现代人对未来虽然抱有期望，但是他们却并不将赌注放在未来，而是放在现在，放在当下，并不过分注重必然性，而是更加注重偶然性作用的原因之所在。

尽管赫勒和马克思理论中关于人类解放和道德回归的具体路径不同，或者说他们两个人理论的侧重点不同，但这不影响两人最终目标的一致性，即两人最终对于人的理解都落实到与"类"相统一的"每一个个人"身上，都期待自由个性的生成，对道德的理解都强调真正的个性道德的回归。也正是在这一意义上，我们说赫勒是一个真正的马克思主义者，一如她对自己的评价。当然，赫勒对马克思和恩格斯思想的发展，并非仅仅从他们思想内部加以

---

① 马克思，恩格斯. 德意志意识形态（节选本）[M]. 中共中央马克思恩格斯列宁斯大林著作编译局，译. 北京：人民出版社，2003：64-65.

深化，同时也吸收和融合了其他的思想，她不仅吸收了克尔恺郭尔、尼采等人的思想，而且她本人的行动和态度中，也吸收了犹太教中所蕴含的伦理思想。赫勒在其道德理论中对思想家克尔恺郭尔和尼采的"孤独的个体""生存的选择""个性""本真性""视兔主义"等理论和方法的吸收和批判，因在前面的行文中已经说得很多，所以这里不再作过多解释。

第四节　现实反思之中国社会转型中的道德追寻之路

当前，我国正在经历着从农业社会向工业社会的转型，社会转型从深层次上说更是文化转型，所谓文化转型的含义诚如衣俊卿教授指出的那样："是指特定时代特定民族或群体所习以为常地赖以生存的主导性文化模式为另一种新的主导性文化模式所取代。"① 按照这一理解，我们正经历着从传统的农业文明条件下自在自发的文化模式向现代的工业文明条件下自由自觉的文化模式转变。在这一转变中，涉及了如何评价我国长期以来占统治地位的儒家文化，更重要的是如何评价其中所包含的道德因素对人的影响，在当前社会文化转型以及道德重建中将面临哪些新的问题，我们将何去何从等一系列的问题。对此，赫勒在道德重建中所诉求的个性道德为我们提供了很多有益的借鉴和启示。无论如何，生活在今天的每一个现代人再也不能逃避个性以及个性道德的问题，唯有如此，我们才能更顺利地完成社会文化转型，才能恢复这一过程中道德所居的中心位置。

一、我国传统文化中道德对人的双重影响

众所周知，我国长期以来占统治地位的儒家文化中到处都闪耀着道德的光辉，包含着丰富的道德思想和要素。例如：春秋战国时期儒家思想以孔孟为代表，儒家伦理思想中孔子提出了"己欲立而立人，己欲达而达人"（《论语·雍也》）以及"己所不欲，勿施于人"（《论语·卫灵公》）的思想，孟子详细提出了"仁义礼智""孝悌忠信"的道德规范，都表达了以"仁义"为核心、以"爱人"和"忠恕"为主要内容的道德思想体系。不仅如此，道德还贯穿到社会生活具体的领域中，如孔子谈到的政治，就是以道德为根本，子曰："为政以德，譬如北辰，居其所而众星共之。""道之以政，齐之以刑，民免而无耻；道之以德，齐之以礼，有耻且格。"（《论语·为政》）"政者，正也，子帅以正，孰敢不正？"（《论语·颜渊》）这些都可以说是道德化政治的典型表现。除此之外，后来

---

① 衣俊卿. 文化哲学 [M]. 昆明：云南人民出版社，2001：167.

的秦汉至清代的文化中，尽管存在着许多在今天看来阻碍个人自由发展的道德规范和要求，但也包含着一些积极的道德要素。

毋庸置疑，以"礼"治秩序为核心的伦理本位传统文化，对社会秩序的正常运转以及个人行为方式的规范起到了重要作用。但随着国门的打开，当世界历史进程逐渐推进时，当我国传统的农业文明以较为特殊的方式走出自己狭小的空间，进而与西方工业文明相互碰撞和交流时，我们才意识到传统儒家文化中所倡导的一些价值理念与现代社会的发展极不适应。

传统儒家文化中所体现的对人行为方式的规范极大地限制、摧残了人的主观能动性和创造欲望，严格的社会等级在很大程度上剥夺了人的自由意志和人格尊严。因为礼治秩序只是承认人伦关系网络的存在，并不肯承认个人的独立价值。在这一秩序中，个人是被规定、被组织的对象，人的主体性与个性消融在贵贱有别、尊卑有等的伦理秩序中。正如有的学者反思我国的传统文化时指出："中国人的生活长期浸淫在一个伦理本位的文化传统之中，人生的意义和价值都向整体性的道德建构严重倾斜，不着边际地攀附在虚幻的共同体身上，螺丝钉精神被推到了极致，人生的最高追求便是成为毫不利己专门利人的道德楷模和道德偶像。"① 与之相关，引发的一个结果就是，等级的伦理规则在今天更容易导致不道德的行为出现。正像有的学者指出："一个不发展的'个人'，自我评价往往是很低的，自然也不会有自我尊严。因此，当他去牟取私利、满足私欲时，也往往会用十分缺乏尊严的方式去进行。"② 他所谓用缺乏尊严的方式去谋取利益，即很多人为了在日益激烈的竞争中夺得胜利，或者为了获得更多外在的物质利益，往往采取卑劣的手段打压对手来达到自己的目的，或者将自己的个性也当作手段来实现某种外在的目的，而这在健全个性的个体眼中是不可思议的事情。所以说，作为传统农业文明产物的儒家文化在向现代工业文明转型的过程中，在人们要求自由、平等以及个性张扬的今天，其消极的方面尤为突出，并且阻碍了社会和人的发展。

儒家文化中的伦理规则虽然在约束人方面起到了很大的作用，但是这种约束很大程度上仅仅是一种外部的约束，而没有转化为对人内在的约束，即伦理规则的他律性尚未转化为自律性。对此，我们也可以通过本尼迪克特曾在《菊与刀》中区分的两种文化类型——罪感文化和耻感文化来加以说明。二者的区别就在于："真正的耻感文化依靠外部的强制力来做善行。真正的罪感文化则依靠罪恶感在内心的反映来做善行。"③ 在她看来，日本文化模式属于耻感文化类型，而美国文化模式则属于罪感文化类型。前者中人们所做的一

---

① 陈忠武. 人性的烛光 [M]. 昆明：云南人民出版社，2004：304.
② 孙隆基. 中国文化的深层结构 [M]. 桂林：广西师范大学出版社，2004：273.
③ 鲁思·本尼迪克特. 菊与刀 [M]. 吕万和，熊达云，王智新，译. 北京：商务印书馆，2005：154.

切事情都是以社会如何评价为准，人们根据社会的评价调整自己的行为，他们很在意来自他人的眼光，如果做了坏事被他人发现，那么羞耻感就会产生；后者中人们所做的事情虽然也受到他人评价的制约，但是良心却起着更大和更重要的作用，即如果做了罪恶的事情，尽管不被人所知，他们在内心中也会感到内疚或者羞耻，即羞耻感主要来自于内在良心的谴责。这种文化类型主要与西方国家的宗教信仰有很大关系。

通过两种文化类型的对比，其实也说明了伦理规则内化的程度，前者中的伦理规则仍然是他律的，后者中社会通行的伦理规则深化到人们的内心中，这意味着伦理规则完成了从"他律"向"自律"的转换。我们知道，日本文化中很大一部分深受我国儒家文化影响，如果说日本文化类型主要被归纳为"耻感文化"类型，那我国占主导地位的也是以"耻"为基调的文化类型。在今天，就这种文化类型仅仅停留在"他律性"特征上，实质上是需要做出改变的，因为当今在我国随着市场经济的发展，各种制度尚不完善，个人以及个人利益逐渐凸显，人们面临的选择逐渐增多，那么如何在这些前提下做出正确的选择？如何尽量减少做错事，做一个"好人"？面对这些，仅仅依靠外在各种规范的强制力已经远远不够，我们必须还要依靠将外在的各种伦理规范转化为内在约束的能力，还要依靠良心的力量。

二、社会转型中道德重建面临的主要问题

社会转型中沿着道德重建之路前行时必然会遇到很多障碍、面临很多难题，因为所谓的重建并不是要与历史切断所有的联系，而是在原有道德语言缺失、道德秩序失衡前提下的重建，在新旧交替中就会出现传统道德能否适应时代变迁的问题。具体说来，我们将面临如下主要的问题：

首先，社会当前通行的各种规则是否公正。实质上这涉及的是程序正义的问题，我们知道，正义主要分为程序正义和实质正义。程序正义也叫作形式正义，这一原则要求所制定的同一种规则应覆盖并适用不同类型的人群，即"同等情况同等对待"，而不是对不同类型的人使用不同的规则；实质正义则更加注重结果的平等，所制定的规则更加关注是否所有的机会、财富、收入等能平等地分配给每一个人。从某种程度上说，一个社会要想达到实质正义是很困难的事情，而且很多时候容易把简单的事情弄得更加复杂，所以，人们更加关注的是程序正义，哈耶克、诺齐克等人都是程序正义的支持者。尽管这种正义因为只关注普遍的社会规则的制定，所以看上去缺少道德内涵，但恰恰是普遍的社会规则才能够真正体现制度的公正性和人们的自由度。因而，今天人们更应当关注社会各种普遍规则是否公正，这既是社会从"人治"到"法治"转变的前提，也能够为"好人"和个性道德的保持提供一个良好的社会背景。

如果外在各种规则、制度不公正的话，那么就会出现类似于在 15—16 世纪的意大利出现的状况：具有个性的个人为了反抗不公正的制度，无视现行的道德，践踏道德，不怕惩罚，故意犯罪。众所周知，15—16 世纪的意大利就出现了个性（在赫勒的理论中更确切地可以称之为特性）高度发展导致的不道德现象，正如雅各布·布克哈特曾指出："在这个每一种个性都达到高度发展的国家里边，我们看到了那种标准的绝对的不道德的例子，喜欢为犯罪而犯罪，而不是把犯罪作为达到一个目的的手段，或者无论如何把它作为达到我们所想不到的那些目的的手段。"① 同时，如果外在的各种规范失去了其合法性或者公正内涵时，也容易导致极端个人主义的发生，与之相伴而来的便是更多邪恶事件的发生。雅各布·布克哈特总结 15—16 世纪的意大利的现实时指出："个人首先从内心里摆脱了一个国家的权威，这种权威事实上是专制的和非法的，而他所想的和所做的，不论是正确的还是错误的，在今天是称为叛逆罪。看到别人利己主义的胜利，驱使他用他自己的手来保卫他自己的权利。当他想要恢复他的内心的平衡时，由于他所进行的复仇，他坠入了魔鬼的手中。……在一切客观的事实、法律和无论哪一类约束面前，他保留着由他自己做主的感情，而在每一个个别事件上，则要看荣誉或利益、激情或算计、复仇或自制哪一个在他自己的心里占上风而独立地做出他的决定。"② 所以说，转型期间，关注社会当前通行的各种具体规则是否公正是个很重要的问题，一旦规则不公正，个人与规则之间也就无法形成良好的关系，从而阻碍真正道德的生成。

其次，社会中大多数成员是否具有遵守各种比较公正的普遍规则的能力。我国现代化进程虽然已经不断展开，而且政府也制定了比较公平的各种规则，但由于我国传统文化中根深蒂固的"人情关系"等因素影响，因而直到今天，社会中部分成员仍然尚未养成自觉遵从各种公正规则的能力和习惯，进而导致良好的社会风气营造也受到一定影响。正如卢卡奇所说："在一个社会的一定时间内占统治地位的是一种健康、明朗的批判的气氛，还是一种迷信、期待奇迹或非理性主义的气氛，这实际上不是智力水平的问题，而是一种社会状况的问题。"③ 而这一问题也被我国许多学者所关注，卢风教授就曾指出："今天人类的道德危机不是人们不知道应该遵循以'金规'为核心的基本道德规范，不是人们对'底限伦理'的无知，而是早已丧失了自觉遵守起码道德规范的习性，失去了遵循基本道德规范的社会、文化基础。"④ 即如果实际生活中人们真正行动时所遵照的标准与社会中宣扬的各种标准不一致，或者当通行的各种制度、规则无力监管人们的行动时，那么社会中不道德现象就会频频出现。诸如：三鹿奶粉事件、煤矿坍塌、弑师事件、记者收"封口

① 布克哈特. 意大利文艺复兴时期的文化［M］. 何新，译. 北京：商务印书馆，1979：443-444.
② 同①445.
③ 卢卡奇. 理性的毁灭［M］. 王玖兴，程志民，谢地坤等，译. 济南：山东人民出版社，1997：73.
④ 卢风. 普遍伦理的三重障碍［J］. 求索，1999（6）：3.

费"……进而，无论对自律意识尚未形成的个人来说，还是对"好人"来说，都会产生灾难性的后果，对于自律意识尚未形成的个人，虽然他们有向善的决心，但一旦他们认识到，通过自己的努力和真实的能力无法得到与之相应的回报时，就会随波逐流，利用不正当的途径维护自己的合法利益，从而关闭了走向"好人"的路径。而对于"好人"来说，尽管他们已经与外在的各种伦理规则形成了牢固的自觉关系，但这种环境对他们来说却是一种外在的伤害，也许这种伤害无法真正危及他们内心。因为他们已经将自己生活的偶然性转化成了确定性的生存，已经成了有个性的人，外在的伤害已经很难危及他们的本质，即无论他人和社会如何，他们却保持着一个好人具有的"我依然是我"的姿态，但如果说一点伤害没有也许是不切实际的。

最后，重建道德之路中还应该从理论上廓清利益问题。实际上，很多时候，人们的行动敢于无视并践踏道德规则，源于人们对物质利益的向往和过分追求。所以，如何看待真正的利益以及如何追求利益已经成为我们必须要面对的问题。

"利益"一词的英文表述为"Interest"，来源于拉丁语"Interesse"，有"利益、好处、股利、权利"的含义。在中国古代汉语中，"利益"主要是用"利"来表示，其一般意义是指满足人的需要、维持人生的东西，"益"就是收获、益处、增加的意思，在我国传统思想中对于利益的理解往往是围绕着"义利关系"来进行的。传统儒家思想中经过孟子、荀子思想的发展，比较强调二者的分离，往往把"利"理解为私利，强调"义"的重要性。孔子以"义"为价值标准来衡量人，"君子喻于义，小人喻于利"（《论语·里仁》），"君子义以为上"（《论语·阳货》）；孟子、荀子亦如此，"义，人之正路也"（《孟子·离娄》），"先义而后利者荣，先利而后义者辱"（《荀子·荣辱》），"故义胜利者为治世，利克义者为乱世"（《荀子·大略》）。做一个有道德的人就要"见利思义"，甚至是"舍生取义"。但墨家思想中则比较强调二者的统一，强调"兼相爱，交相利"的思想，墨子曾经指出：仁，爱也；义，利也。《后汉书·卫飒传》首次出现"民得利益焉"的句子，将利、益两个含义相同或相近的字融合为一个范畴。在《辞海》中，利益的基本含义包含着两方面，"①好处。如：集体利益；个人利益。②佛教用语。犹言功德，指有益于他人的事"。[①] 在西方，古希腊的斯多葛学派认为利益与善是等同的，在他们看来，"德性就是善"这一命题包含着三层含义："（1）德性是人生利益所由产生的源泉；（2）有德性的行为可以产生利益；（3）有德性的人可以促使利益产生。"[②] 19 世纪，英国的边沁和穆勒所强调的利益主要是关涉个人快乐和幸福的概念。总体来看，与道德相连的全面利益内涵在近代以来的历史演变中渐渐失去了原本的意义，而逐渐被狭隘化理解，即

① 陈至立. 辞海 [M]. 上海：上海辞书出版社，1989：4545.
② 宋希仁. 西方伦理学思想史 [M]. 长沙：湖南教育出版社，2006：146.

过分强调利益内涵中的某一维度，使其僭越并代替了其他的维度，导致利益内涵发生了质的变化。特别是人类社会步入资本主义社会之后，与道德相连的利益已经被单纯的物质利益所代替。因而，当今人们一谈到利益，首先想到的便是金钱、财富、权力等外在的东西给人带来的好处。那么，真正利益的内涵则是我们重新需要明晰的问题。

对于真正利益的内涵，比较赞成当今社群主义的代表人物之一麦金太尔在《追寻美德》中所表述的内在利益的含义，即真正的利益是与德性相连而给人和社会带来的好处。麦金太尔不仅仅谈到利益的问题，同时进一步将之区分为外在利益和内在利益，并将德性（美德）与内在利益紧密地联系起来。他所谓的外在利益主要是指，对名声、财富、社会地位、金钱、权势等外在目标的获得，其特征在于，"每当这些利益被人得到时，它们始终是某个个人的财产与所有物。而且，最为独特的是，某人占有它们越多，剩给其他人的就越少。……因此，外在利益从特征上讲乃是竞争的对象，而在竞争中则必然既有胜利者也有失败者"[1]。而内在利益则与美德相连，它的获得"诚然也是竞争优胜的结果，但它们的特征却是，它们的获得有益于参与实践的整个共同体"[2]，即只有内在利益与美德是息息相关的，而外在利益并不必然与美德有联系。在麦金太尔的理论中，所谓美德是一种获得性的人类品质，对它的拥有与践行使我们能获得那些内在于实践的利益，而缺乏这种品质就会严重地妨碍我们获得任何诸如此类的利益，即拥有了美德也就拥有了内在利益，获得了内在利益也就获得了美德。正像他所说："美德与外在利益和内在利益的关系截然不同。拥有美德——而不只是其外表与影像——是获得内在利益的必要条件；但拥有美德也可能全然阻碍我们获得外在利益。这里我应该强调的是，外在利益真正说来也是利益。它们不仅是人类欲望的特有对象，其分配赋予正义与慷慨的美德以意义，而且没有人能够完全蔑视它们，除了那些伪君子。然而，众所周知，诚实、正义与勇敢的修养时常会使我们得不到财富、名声和权力。因此，纵然我们可以希望，通过拥有美德我们不仅能够获得优秀的标准与某些实践的内在利益，而且成为拥有财富、名声与权力的人，可美德始终是实现这一完满抱负的一块潜在的绊脚石。因此，不难预料，假如在一特定社会中对外在利益的追求变得压倒一切，那么美德观念可能先受些磨损，然后也许就几近被全然抹杀，虽然其仿制品可能还很丰饶。"[3] 在他的阐述中，尽管重视外在利益的获得，但是，他并不重视"唯外在利益"的观点，这一观点容易导致德性的消失。所以，他特别强调内在利益对于人们生活的重要作用，一旦缺乏，人类将走入非人的境地。即如果没有美德，那么在实践诸语境中，就只能认识到外在利益，而根本认识不到内在利益。而在任何只承认外在

---

① 麦金太尔. 追寻美德 [M]. 宋继杰，译. 南京：译林出版社，2003：242.
② 同①.
③ 同①248-249.

利益的社会中，竞争性将是最显著的，甚至是唯一的特征。

通过以上分析，我们看到麦金太尔区分利益本身，并且将内在利益与善联系起来，这从理论上不仅恢复了利益的本真含义，而且也从另一个角度表明真正的利益已经被扭曲了很长时间，并且现在仍然尚未恢复其本真面目。

全面的利益转变为片面的物质利益这一事实，其实已经被马克思和恩格斯等思想家进行过描述和批判。他们对资本主义社会中分工、资本、货币、私有制等的描述，都足以说明资本主义生产关系中物质利益已经上升到统治地位，其他的利益则被驱赶到边缘位置的现状。正如恩格斯在《英国状况十八世纪》中认为造成这种现象的原因就是近代的英国工业革命化的结果，它的"第一个结果就是利益被升格为对人的统治。利益霸占了新创造出来的各种工业力量并利用它们来达到自己的目的；由于私有制的作用，这些按照法理应当属于全人类的力量便成为少数富有的资本家的垄断物，成为他们奴役群众的工具。商业吞并了工业，因而变得无所不能，变成了人类的纽带；个人的或国家的一切交往，都被融化在商业交往中，这就等于说，财产、物升格为世界的统治者"①。这里所说的利益指的就是单纯的物质利益。

除此之外，恩格斯对利益被歪曲的阐述也是在批判基督教世界秩序中的政治和私有制的基础上进行的。他指出："在封建主义的废墟上产生了基督教国家，即基督教世界秩序在政治方面达到顶点。由于利益被升格为普遍原则，这个基督教世界秩序也在另一方面达到了顶点。因为利益实质上是主体的、利己的、单个的利益，这样的利益就是日耳曼基督教的主体性原则和单一化原则的最高点。利益被升格为人类的纽带——只要利益仍然正好是主体的和纯粹利己的——就必然会造成普遍的分散状态，必然会使人们只管自己，使人类彼此隔绝，变成一堆互相排斥的原子；而这种单一化又是基督教的主体性原则的最终结果，也就是基督教世界秩序达到的顶点。——其次，只要外在化的主要形式即私有制仍然存在，利益就必然是单个利益，利益的统治必然表现为财产的统治。"② 恩格斯在这里所说的利益就也是片面的物质利益，排除了善和价值的物质利益所导致的结果就是，同人的、精神的要素相对立的自然的、无精神内容的财产等要素被捧上宝座，它们的外化以及外化了的空洞抽象物就成了世界的统治者。所以，现代人已经不再像传统社会中人是人的奴隶那样，而是人变成了物的奴隶。之后，马克思和恩格斯在《德意志意识形态》中也指出，在现代资产阶级社会中，一切关系实际上仅仅服从于一种抽象的金钱盘剥关系，所有各式各样的人类相互关系都归结为唯一的功利关系。

---

① 马克思，恩格斯. 马克思恩格斯选集（第 1 卷）[M]. 中共中央马克思恩格斯列宁斯大林著作编译局. 北京：人民出版社，1995：35.

② 同①24.

　　尽管马克思和恩格斯揭示了资本主义生产关系中存在的真正利益被扭曲的事实，但他们的最终目的并不仅仅为了展示，更是从中看到了真正利益回归之路。既然我们已经面对了这样一种现状，那么任何的抱怨都无济于事，我们只有在已经被狭隘化的物质利益基础上通过人们的努力才能恢复与美德相关的全面利益。正如恩格斯指出："人类分解为一大堆孤立的、互相排斥的原子，这种情况本身就是一切同业公会利益、民族利益以及一切特殊利益的消灭，是人类走向自由的自主联合以前必经的最后阶段。人，如果正像他现在接近于要做的那样，要重新回到自身，那么通过金钱的统治而完成外在化，就是必由之路。"① 随后，两人共同进一步指出："正因为各个人所追求的仅仅是自己的特殊的、对他们来说是同他们的共同利益不相符合的利益，所以他们认为，这种共同利益是异己的和不依赖于他们的，即仍旧是一种特殊的独特的普遍利益，或者说，他们本身必须在这种不一致的状况下活动，就像在民主制中一样。另一方面，这些始终真正地同共同利益和虚幻的共同利益相对抗的特殊利益所进行的实际斗争，使得通过国家这种虚幻的普遍利益来进行实际的干涉和约束成为必要。"② 所以说，马克思和恩格斯是从物质利益的积极意义上来看待这一社会现实，当所有人都在追求单纯的物质利益这种一般东西时，并为物质利益进行奔走和竞争时，就已经在某种程度上推动了生产力和生产关系的发展，从而给社会发展带来积极作用。

　　当现代人日常生活中已经忘却了利益的真正内涵，当很多人对利益内涵的理解的片面化导致了他们行动的功利化时，麦金太尔对内在利益的强调以及马克思、恩格斯对于物质利益的批判，都为现代人的正确行动提供了重要的方向和引导。利益不应该仅仅被看作是物质利益，同时我们更应该关注其道德维度，或者说我们更应当关注内在利益，即与优秀的品质或美德相关的利益，只有这样，才能够引导人们追求真正的人的利益。

三、个性道德：社会转型中道德重建的必然选择

　　今天，我们并不缺少宏大的道德规则和道德语言，我们所缺少的是如何将一般的道德规则和道德语言与广大人民群众的需要连接起来。当然在这一过程中，我们必须要慎之又慎。麦金太尔在总结法国大革命中雅各宾派失败的教训时曾经说过："雅各宾派及其没落的真正教训在于，当你试图重新创制的那种道德的语言一方面不合普通大众的口味、另一方面又与知识精英格格不入时，你就不可能指望在整个国家的范围内重塑道德。以恐怖来

---

①　马克思，恩格斯. 马克思恩格斯选集（第1卷）［M］. 中共中央马克思恩格斯列宁斯大林著作编译局，译. 北京：人民出版社，1995：25.

②　马克思，恩格斯. 德意志意识形态（节选本）［M］. 中共中央马克思恩格斯列宁斯大林著作编译局，译. 北京：人民出版社，2003：29.

强加道德——圣鞠斯特的解决办法——乃是那些已经瞥见这一事实却不愿予以承认的人的孤注一掷的权宜之计。"① 所以，尽管要求人们在实际行动中，与道德中内含的各种伦理规则形成自觉的关系，但是当今再也不能泛泛地高谈阔论所谓的道德。谁一旦只是把这些规则作为停留在口头上的空谈，或者拿这些"远大而又高尚"的道德来教训他人时，无疑会招致一片耻笑或者谩骂。各种现实状况表明：今天宏大的道德理论不太容易被人记住，所以应该提倡个性道德的出现。

（一）个性道德的回归

在今天人们应该重新理解道德，真正的人性的道德应该是"自利的道德而非自私的道德，是创造的道德而非掠夺的道德，是互惠的道德而非牺牲的道德"②。无疑，这种道德模式在赫勒道德理论的最后落脚点——个性道德中得以显现。本书在前面已经指明，所谓的个性道德可以被描述为：现代社会中个性的个体以自己特殊的方式行动时，自觉地与同时代各种伦理规则建立起来的关系，它是对"异化道德"或"特性道德"的扬弃，这一道德既体现真正的有个性个人的特征，又体现了各种伦理规则的重要性，所以它应该是真正的人性的道德。

个性道德的提倡和回归首先应该在理论上正确地理解道德的含义，如果理论上不能理解现代道德的真正含义，只能阻碍现代社会转型的步伐。基于此，反观当今通行的很多伦理学书籍，其中对道德的理解或多或少都存在着问题。教科书中对道德含义的理解通常是大同小异，即要么过分强调各种伦理规则对人的外在约束，要么过分强调我们所谈到的"理论的道德"维度。如："从哲学上说，道德属于社会上层建筑中的意识形态"③ "道德就是由人类社会现实经济关系所决定，满足社会实践中人的需要，主要反映统治阶级的意志和价值取向，用善恶标准去评价，依靠内心信念、传统习俗和社会舆论所维系的一类社会现象和社会意识形式"④ "所谓道德是由一定的社会经济关系决定的特殊的意识形态，是以善恶标准评价的，依靠正在被人们奉行的社会舆论、传统习惯和内心信念来维系的调整人们行为规范的总和"⑤ "道德是调整人们之间以及个人和社会之间关系的行为规范的总和，包括伦理思想和在伦理思想指导下人的行为所体现的情感、情操等"⑥。

---

① 麦金太尔. 追寻美德 [M]. 宋继杰，译. 南京：译林出版社，2003：302.
② 陈忠武. 人性的烛光 [M]. 昆明：云南人民出版社，2004：309.
③ 刘可风. 伦理学原理 [M]. 北京：中国财政经济出版社，2003：5.
④ 同③6.
⑤ 骆祖望，黄勇，莫家柱. 伦理学新编 [M]. 上海：上海财经大学出版社，1997：5.
⑥ 李秀林，王于，李淮春. 辩证唯物主义和历史唯物主义原理：第5版 [M]. 北京：中国人民大学出版社：2004：116.

通过以上列举的道德含义，我们可以将现行的道德含义主要归结为两个方面：第一，道德是调整人们行为规范的总和；第二，道德属于由现实的经济关系所决定的上层建筑，更具体地说是狭义的文化结构中的一个部分。从全面理解马克思、恩格斯思想的角度出发，这两个方面固然包含着一定的道理，但是仍然有待补充。

毋庸置疑，关于道德的起源和道德的本质，马克思和恩格斯都强调了道德作为上层建筑中的一个要素，其根基还在于当时社会的经济基础，但除此之外，我们不应该忽略另外一个方面，他们也强调：政治、法律、哲学、宗教、文学、艺术、道德等又互相作用并对经济基础发生作用。这一点就说明了道德作为上层建筑中的一部分，必然能对各个领域起着很重要的作用，而且在价值多元化、个性多样化的今天，这一作用无疑会变得越来越重要、越普遍。赫勒对道德含义的理解也一再强调：道德并不是单独的领域，它渗透到各个领域中。但是，按照现行的很多伦理学书中对道德的理解，道德被归于狭义的文化结构的范围内，它是文化结构的构成要素之一，虽然人们也强调文化结构中的各个要素之间是相互补充、相互渗透、相互影响、相互制约，但是却更多地关注了道德与文化结构中其他要素之间的不同点，而较少或者没有强调道德在所有要素中的更为重要的地位，更进一步说，很多人在强调上层建筑的独立性以及它对经济基础的反作用时，并没有强调道德在所有领域中的重要作用。这在很大程度上造成了道德与经济领域、政治领域的进一步疏离，这种疏离一旦被极端化，就会引起人们在行动中可以片面而又过度追求经济利益、追求政治权力的状况，道德也就失去了规范的作用，要么成了束之高阁的空头理论，要么成了冠冕堂皇的装饰，道德本身随之也被消解。另外，人们大多谈到道德是调整人们行为规范的总和，即强调道德对人们行为的规范作用，这一点本身无可置疑。但是，在今天随着个体意识的逐渐觉醒、个性的多样化发展和各种伦理规则的不断丰富，人们对道德的理解不应该仅仅限于外在的对人们行为的规范和制约，更重要的应该是内化的问题，即各种伦理规则从他律转化成自律的问题。只有这样，人们在知道各种道德规则之后才能自觉地践行，而不至于对通行的伦理规则视而不见、充耳不闻、知而不遵。

正是基于对道德内涵本身的反思，要克服道德缺失、道德消解的现状和困境，重要的途径之一就是要超越现行的理解道德含义的方式，将道德与现实生活的个人、与每个人生活的各个领域联系起来。人们更应该谈个人在践行外在伦理规则时，如何选择才是正确的，外在伦理规则对人的约束如何内化等问题，实质上对这些问题的强调是对道德个性生成的强调。除此之外，在今天，我们不能够仅仅强调"实践"，特别是"与理论相脱节的实践"的重要作用。如果将二者机械地分离开来，就会违背马克思思想中的"理论和实践相统一"的核心精神，要么出现"理论无用论"，而走入单纯"实用主义"倾向的误区中，要么出现只注重书本，而走入"教条主义"的倾向中。对于这一点，马克思在早期著作中就已向我们发出过警告，"光是思想力求成为现实是不够的，现实本身应当力求趋向思想"①。但如何趋向则是我们必须思考的一个问题。当今人们已经无暇静下心来对理论问题进行思考，更甚者，对理论思考本身抱有轻视的态度。无论如何，我们都不能够轻视理论的思考对于一个人、一个民族的重要性。所以，要想使个性道德真正得以贯彻，我们必须在社会发展路途中首先从理论上加以重视。对此，青年学者刘森林指出："30 年前，中国大陆开始改革开放。邓小平奉行的策略是对改革的方向、目标和策略等关涉改革的重大问题，不搞争论，尤其是不搞理论性的争论。"② 所以，我们在任何时候一定要注意保持马克思思想中"理论与实践相统一"的核心精神。

亟待培养良心这一内在道德感，以推动个性道德的提倡和回归。前面谈到，我国传统的儒家文化主要强调的是外在秩序对个人的约束，很多时候，个人之所以遵从外在的秩序，并不是因为内心愿意这样做，而仅仅是因为如果不这样做，就会遭受别人的指责或唾弃。这在很大程度上阻碍了良心这一内在道德权威的建立和发展，这也是为什么很多人在没有外人监督时，时常会做伤害他人和世界的事情的原因所在。

如果说在传统社会中，外在的各种规则对人们还能起到有效作用的话，那么对于现代人来说很多规则已经失去了效力。因为现代社会中金钱、权力等各种外在的力量已经胜过了一切，很多人为了追求这些，不愿意再去遵从各种曾经有效的规则，甚至会践踏各种规则，即便是一些今天仍然正确的规则也未能幸免。因此，为了保持社会稳定，遵守各种正确的伦理规则，承担起对他人应有的责任，就需要唤起人们内在的良心这一越来越重要的道德感。随之而来的一个问题便是：如何唤起这一道德感？

对此问题的回答，赫勒在其道德理论中，通过分析瓦格纳作品《帕西法尔》中的帕西法尔良心的生发给予了人们很好的提示。赫勒要告诉我们的是，在唤起人们内在良知的过程中，仅仅依靠启蒙理性、仅仅依靠对知识的灌输是远远不够的，必须借助于同情、疼痛才能够唤起人内在的良知。帕西法尔这个名字的含义就是"无知的傻子"，作为一个最纯粹的人，他什么都不知道：不知道自己的名字，不知道自己的父母亲，不知道自己从哪里来……在路途中，他杀死了天鹅，面对自己行动的牺牲品，他也不为所动，当古尔曼茨问他是否意识到自己的错误行为时，他仍然回答不知道。当别人责怪他杀死了天鹅时，他仅仅用手遮住了脸，表现出羞愧的姿态，这表明了帕西法尔实际上并不是一个真正的人，他仅仅是一个"高贵的野蛮人"。在野蛮人心中并没有好坏、善恶的意识，没有责任的概念，所以面对这样的一个人，任何的道德说教、理性的启蒙是没有任何意义的。那么如何使"一个无知的傻子"转变成"一个真正的人"？赫勒指出："主要的叙事讲述了血、折磨、

① 马克思，恩格斯. 马克思恩格斯选集（第 1 卷）[M]. 中共中央马克思恩格斯列宁斯大林著作编译局，译. 北京：人民出版社，1995：11.
② 刘森林.《启蒙辩证法》与中国虚无主义 [J]. 现代哲学，2009（1）：8.

牺牲——疼痛——如何成为最有效的记忆器皿的故事。并且正是疼痛，才唤起了帕西法尔的记忆。"① 即赫勒注重的是这部戏剧中孔德丽对帕西法尔的引导，她的引导力图唤起帕西法尔的回忆，唤起被他所一直忘却的事情。剧中孔德丽并没有对帕西法尔进行道德说教，而是首先叫他的名字，然后给他讲述关于他母亲的故事。在被命名和回忆自己的经历中，帕西法尔内心感到了畏惧、疼痛和悲伤。正是在经历这一系列来自内心的情感活动时，外在的道德知识才慢慢地发挥作用，他的内疚感产生，意识到是自己的错误行动杀死了天鹅，而天鹅恰恰是他母亲的化身，即他因自己错误的行为杀死了自己的母亲。这时，良心在这种内疚感中出现，随之而来的便是承担自己行动的责任。

由此看来，帕西法尔良心生发的过程，主要不是来自外在权威的命令、知识的灌输和道德的教育，而是通过触动他的内心的情感来唤起深藏其中的爱的命运。无论在阐述这部戏剧的过程中，还是在评价尼采的理论中，赫勒都谈到了命运、命运之爱的问题。所谓的命运或者命运之爱，指的是深藏于我们每个人内心中的一种力量、一种情感，尽管很多时候我们并不能充分意识到它，但它能够"拉动"我们去实现我们自己的个性。这一问题其实也渗透到赫勒自己的道德理论中。

所以，赫勒对帕西法尔内心情感转变的分析意义重大，为我们在当今如何唤起人们内在的良知起到重要的引导作用。当今社会中，无论是家长，还是学校的老师，对孩子的教育很容易停留于口头的说教。只有当唤起他们内心的共鸣和同情时，外在的知识和教育才能有效，继而他们内在的良知和责任才能够被唤起。

最后，青年时期是培养人们进行"生存的选择"的重要时期。"生存的选择"尽管并不一定意味着道德自律，但是一定和自律联系起来，它使人能够获得将自己生存的偶然性转化成确定性生存的能力，进而能够使人形成自己的个性。否则，很多人终其一生在精神上都会有"无家可归"的漂泊感和孤独感。赫勒在《个性伦理学》中通过梅勒给她的外孙女菲菲的通信再次阐明了"生存的选择"的重要性以及形成这一选择的有利时期，她指出："一个拥有价值的人的青年时期是他生命的最重要时期。正是那时，决定了是否一个人将要被他的过去、被他的环境所推动，更确切地说，是否一个人将被他的性格所拉动，是否他将成为有个性的个体。"② 当然，这里也不是指所有人，只是大多数的人都如此。如果一个人在年轻的时候躲避严肃的事情，那么他就倾向于成为无价值的人。这里，赫勒借助梅勒之语表明，青年时期是进行"生存的选择"，特别是选择自己作为好人的最佳时期。只有这样，一个人才能够在今后更加轻松地生活。因为当一个人完成这一选择之后，就为自己设定好了今后努力的目标，方向也随之被确定，余下的事情就是终其一生坚定地

---

① Heller A. An ethics of personcdity ［M］. Oxford：Blackwell Publishers Ltd. 1996：211.

② 同①233.

沿着特定的方向朝目标迈进的过程。

所以，对孩子的培养和教育中，不应该让他们只看到生活中快乐的一面，也应该让他们看到生活中严肃、痛苦和苦难的一面。正如赫勒所说，苦难与生活联系在一起，一个人如果承认了苦难，便承认了生活，一个人如果对苦难说"是"，那么也便是对生活说"是"，因而一个人也便是真实地面对他自己，成为他自己。赫勒的这一看法显然是承袭了陀思妥耶夫斯基的思想。陀思妥耶夫斯基在《卡拉马佐夫兄弟》和《地下室手记》等作品中都对痛苦的积极意义进行了阐述，正如赖因哈德·劳特分析的那样，"我们，人，在经受痛苦时学会在道德上站住脚，只有在这时候，才能荣获永久快乐的幸福。人只有通过痛苦的考验、赎罪和达到完美境界，才应当得到幸福"①。

（二）应然个性道德的特征

对于个性道德的含义以及如何理解，本书已经阐述了很多。个性道德并不是实然存在的道德类型，而是正在被孕育着和正在形成中，那么应然的个性道德有什么特征呢？总的说来，它作为道德的一种类型，也应当同道德一样，渗透在社会生活的各个领域中，作为人们生活的共同场景而存在。

首先，作为所有生活领域共同场景的个性道德与每个现实的个人及其行动紧密联系起来，从而与纯粹的、形而上的道德概念区别开来。众所周知，康德在其《道德形而上学原理》中构建了一个纯粹的道德理论框架。在这一框架中，全部道德概念都先天地坐落在理性之中，并且导源于理性，它们绝不是经验的，不是从偶然的经验知识中抽象出来的，只有这样，全部道德概念才能获得尊严。同时，康德所说的道德规律也同自然规律是一样的，其约束性的根据完全在先天纯粹理性的概念中去寻找，以经验为依据的具体规范永远不能够称之为道德规律。正是在此基础上，康德在其道德框架中，对责任、善良意志等具体概念含义的理解都是建立在先天的、非经验基础之上的。对道德理论的这种理解，虽然因其纯粹性的特征可以保证其德性的崇高和尊严，但是人一旦被完全剥掉情感、欲望、本能等非理性的因素，仅仅被称之为"有理性的东西"，那么人也就不再成其为人。所以正像有的学者评价的那样："先天论的德性论，宛如一束断了线的气球，高入云端，五彩斑斓，熠煌耀眼，但永远落不到实处。它对一切时代有效，对任何一个时代都无效；对一切人有效，对任何一个人都无效。它要求不可能得到的东西，因而永远得不到任何可能得到的东西。"② 正是基于此，西方哲学中自从康德之后，其哲学发展的主流路径便从天上回

---

① 劳特. 陀思妥耶夫斯基哲学：系统论述 [M]. 沈真，李真，李树柏，等译. 北京：东方出版社，1996：313.

② 康德. 道德形而上学原理 [M]. 苗力田，译. 上海：上海人民出版社，2005：38-39.

到了人间。我们提倡的对个性道德含义的理解亦是沿着马克思主义的路径前行，立足于生存于现实中的、能够进行物质实践活动的、社会性的个人，将其理解为经验的个人与同时代的各种伦理规则之间的实践关系。

其次，作为所有生活领域共同场景的个性道德既"在"又"不在"某一领域，从而与"泛道德主义"区分开来。学者金生鈜曾经详细地阐明"泛道德主义"的含义，所谓泛道德主义伦理主要是指，"以道德奠定生活的意义、个人的价值、政治与社会的组织方式，确定日常生活的方式与标准，道德成为判断一切世俗生活行为的神"[①]。同时，他认为，泛道德主义一定得依靠强大的政治权力才能实现对全社会、全民、全部生活的道德监督与控制，其主要目的就是为了加强和巩固一定的政治和社会秩序。对于个人来说，道德并不是出于自己的自愿选择，而是在外在压力下的被迫选择。泛道德主义的实施造成了两种后果：一方面会产生道德独断和专制，另一方面，会产生普遍的道德焦虑。的确，他的这一分析切中了问题的要害。泛道德主义在很大程度上能够对生活于其中的个人起到很强的约束性，但是我们也不能否认的是，如果这种约束不被个人所承认，即便是选择了其伦理规则，个人仍然不能成为真正的"好人"，而是成了一个虚伪的"好人"。就其实质，个人在选择中是否出于自愿，或者说个人的自愿、自由原则在道德中占至关重要的位置。

而个性道德是在今天人们所面临的选择多样化、价值多元化的时代背景下提出来的，尽管它与泛道德主义有表面的相似，虽然两者都与所有生活领域联系起来，但是二者在本质上截然不同。个性道德的一个核心内容就在于现代人完成了"普遍性范畴下生存的选择"，即人们以自己不同的方式选择自己作为"好人"而存在，而这种选择同样也是进行一种跳跃（leap），完成这一跳跃的个人在生活中的美学、伦理、宗教、政治等不同领域中转换，而不必冒任何风险，但是，这种跳跃并不要求人们选择某一个领域从而固定下来，即这种选择给予了人们充分的自由。也就是说，二者之间最重要的区别在于：前者并没有强制性，并不依靠强大的政治权力迫使每个个人遵循其伦理规则，当然它会在"善"的关照下提出各种伦理规则、规范和格言等，但是这些伦理规则的权威来自自身向善的力量，而且它们仅仅是指导性的，至于在具体行动中如何做事，那么每个个人可以自主地选择自己的方式。而后者中存在着强制的力量，存在着诸如政治权力等强制要素。所以说，是否具有强制性构成了两种道德之间的区别。同时，两者之间的区别还在于：前者只是作为各个领域中的共同精神或者共同背景存在，它既"在"某一领域，也"不在"某一领域。说它"在"某一领域，指的是它需要跟每个领域联系在一起，但是起引导性的作用，

---

① 金生鈜. 德性与教化—从苏格拉底到尼采：西方道德教育哲学思想研究 [M]. 长沙：湖南大学出版社，2003：329.

它只是要求各个领域要以道德中所蕴含的善的精神为指导；说它"不在"某一领域，指的是它不会固定于某一领域、化解各个领域，从而走向其反面，造成反道德的严重后果，诸如道德化的政治、道德化的经济等，毋宁说个性道德是朝向这些领域并且在这些领域中的一种态度。而后者，则将道德规则固定在了某一个领域中，这就导致道德化的政治等问题，进而可能导致了个人朝向非本真方向发展的结果。

最后，作为所有生活领域共同场景的个性道德更强调个人道德的重要性。向工业文明的转型已经成为我国当前发展的大趋势，但同时工业文明蕴含的理性因素，特别是"工具理性"也渗入到了我们的文化中，进而自觉不自觉地影响着生活在其中的每个人。这会导致人们在现实行动中只考虑理性算计，更可怕的是，也会导致"平庸的恶"的现象出现。对此现象，英国的思想家鲍曼和美国的阿伦特都曾经做过深刻而冷静的阐述。鲍曼认为，二战期间的大屠杀之所以能够在现代社会"完美地"进行，既是科技突飞猛进发展的结果，同时也是文明化进程中另一张面孔的显现。大屠杀只是揭露了现代社会的另一面，而这个社会的我们更为熟悉的那一面是非常受我们崇拜的。现在这两面都很好地、协调地依附在同一实体之上。或许我们最害怕的就是，它们不仅是一枚硬币的两面，而且每一面都不能离开另外一面而单独存在。虽然这听上去令人难以置信，但却是事实，而且，"文明化进程是一个把使用和部署暴力从道德计算中剥离出去的过程，也是一个把理性的迫切要求从道德规范或者道德自抑的干扰中解放出来的过程。提升理性以排除所有其他的行为标准，特别是使暴力的运用屈从于理性计算的趋势，早已被认定是现代文明的一个基本因素——大屠杀式的现象就必须被看成是文明化趋势的合理产物和永久的潜在可能"①，即在现代西方社会中，市场的规则和理性的计算全面而深入地侵入了人们的日常生活，"理性算计"的考虑已经成为指导人们行动的首要原则，道德几乎没有立足之地。在此背景下，只要有利可图，那么人们可以践踏原来约束人们行动的各种伦理规则，而且通常不会受到良心的谴责。尽管这种现象在西方已经全面展开，但同样也应该引起我们足够的注意，毕竟马克思所说的"世界历史"进程已经势不可挡地进行着。西方人当今的道德状况也许将是所有人面临的状况，面对这些，我们无法逃避，所以我们现在亟待需要做的就是要重新将道德与人们生活的所有领域联系起来。这种道德虽然与各个领域相连，但是它却不会化解某些领域，导致各个领域道德化的后果，而是人们在各个领域中的行动要以"善"来引导，它更像阳光无处不在，但又不栖居在某一个领域中。

作为与每个人相连的个性道德又是与个人的反思、良好的判断力紧密联系在一起的。现实生活中，如果个人缺乏辨别善恶的能力，或者毫不思考而仅仅服从某种权威及其规则，那么人们就容易走入道德的反面。对于这一点，在本书的前面已经详细进行了阐述，

---

① 鲍曼. 现代性与大屠杀 [M]. 杨渝东，史建华，译. 南京：译林出版社，2002：38.

在此进一步表明人类思想的重要性。所谓思想，其实就是在具体的行动之前，自己与自己之间进行交流和谈话，在交流中我们审问、辨明自己的言行是否得当。所以，当今随着人们个性意识的觉醒，人们所理解的道德不应该仅仅强调外在的规范，更要强调个人内在的思考、反思和判断力。只有当人们自愿地认同外在的各种伦理规则，即只有当人们自觉与外在的各种伦理规则之间形成实践关系，道德也才能发挥其真正的作用。

第五章 跨文化视角下中西方
德性伦理传统批判

第一节 德性与德性伦理

在我们的思维即将触及西方德性伦理传统话语之前，有必要对 arete（德性）这一希腊词语做本身的逻辑考察和说明，因为这一概念最初特有的含义与现代意义上的理解并不完全吻合。对德性原始含义的解释必须诉诸当时特定的文化背景。如此，我们才可能比较合理地展示它自身从特定意义向伦理意义衍化的过程。在此基础上，需要阐明德性伦理这一基础的话语系统。我们是在什么意义上理解西方传统德性伦理的？在道德系统内，它的参照对象是什么？它的内涵和外延究竟该如何界定等一系列重要的学理问题，都需要我们认真清理。舍此，我们对问题的言说就缺乏一定的合理性。

一、德性的话语雏形：古希腊语境中"arete"衍化

"Arete"获得伦理学意义上的德性含义是有一个比较长的过程的。最初，在古希腊人的思想观念中，任何事物（无论是自然的还是人造的）都有自己本性所固有的功能或效用。他们把事物的这些特长、用处和功能称为 arete。希腊词语 arete 的英文翻译为 good 或 virtue，相当于中文的"性能""用处"和"好处"。事物的 arete 是这一事物区别于其他事物的标志。马的奔跑能力是鸟所没有的，而鸟的飞翔能力也是马所欠缺的，所以马的 arete 不同于鸟的 arete。不但自然界的事物有各自的 arete，人造物也有自己的 arete，椅子能让人坐，刀能切割，这些都是它们各自的 arete。比如，在《荷马史诗》中，描写英雄阿喀琉斯为他的战友帕特克洛斯的葬礼而举行的赛车场景中，曾经多处表明善于奔跑的马就是拥有更高的 arete。"我们知道，我的马远比其他驭马快捷，那两匹神驹，波塞冬送给家父

裴琉斯的礼物，而裴琉斯又把它们传给了我。""这对驭马，蹄腿飞快，地道的普洛斯血种，拉着他的战车。""听到主人愤怒的声音，驭马心里害怕，加快腿步，很快接近了跑在前面的对手。""驭马奋蹄疾跑，拉着主人和战车，穿越在平旷的原野。"① 在希腊人看来，如果一个事物越能发挥自己的功能，那么它的 arete 也就越好，而失去了各自的这些本性就是 arete 的缺失。后来在诗人的韵文中，关于事物的 arete 用法仍在继续，土地有土地的 arete，喷泉有喷泉的 arete。"公元前五至四世纪还保持这样的用法，例如修昔底德讲到伯罗奔尼撒半岛和帖撒利、玻俄提亚等地的土地肥沃时，就将它叫做土壤的 arete，阿提卡土地贫瘠就说缺少土壤的 arete。希罗多德的《历史》中还讲到棉花的 arete。"② 后来，柏拉图在他的好几次对话中都提到了关于事物 arete 的讨论。他在对话录《理想国》中讨论马、剪刀的 arete。通过列举这些事物的 arete，他对 arete 的含义作出了归纳。"所谓马的功能，或者任何事物的功能，就是非它不能做，非它做不好的一种特有的能力。"他提出："事物之所以发挥它的功能，是不是由于它特有的德性；之所以不能发挥它的功能，是不是由于特有的缺陷？"③ 而色拉叙马霍斯表示认同。他在《克里底亚篇》中，克里底亚指出阿提卡的居民长期从事手工业和耕战，接着说，这些地方的 arete（优势、特长）适于耕战。"有许多事实可以证明这块土地的优越。"④《法篇》讲到对财产要加以限制时说，分配土地的原则是：远地和城市近郊相搭配，还要根据地块的肥沃与贫瘠程度来调整土地的面积，使分配达到平等。⑤ 也就是好的和坏地相搭配。这里的"好""坏"后来被译为"善""恶"的两个字。

　　古希腊人除了对自然界中其他事物的功能用 arete 表示以外，对人的品性、特长、优点、技艺和才能也是用 arete 来描述的。这一点《伊利亚特》中表现得淋漓尽致。荷马在多处用"捷足的阿喀琉斯"来表现希腊头号英雄的勇猛无比。在描写波鲁多罗斯时，"腿脚飞快，无人可及。但现在，这个蠢莽的年轻人，急于展示他的快腿，狂跑在激战的前沿，送掉了卿卿性命"。柏拉图在《理想国》中除了讨论马、剪刀的 arete 外，还讨论了作为人的感觉器官的眼睛和耳朵的 arete。眼睛的功能就是看，视力强就是功能好，就是眼睛的 arete；耳朵的功能就是听，听力强就是耳朵的功能完善，尽到耳朵的功能达到它的目的，就是耳朵的 arete；"如果耳朵失掉它特有的德性，就不能发挥耳朵的功能了"⑥。柏拉图认为，不仅这些感觉器官具有自己的 arete，包括心灵、生命在内一切东西都有特殊的

---

① 荷马. 伊利亚特 [M]. 陈中梅, 译. 北京: 中国戏剧出版社, 2005: 508, 509, 513, 516.

② 汪子嵩, 范明生, 陈村富, 等. 希腊哲学史: 第2卷 [M]. 北京: 人民出版社, 1997: 167.

③ 同③41.

④ 柏拉图. 柏拉图全集·克里底亚篇（第3卷）[M]. 王晓朝, 译. 北京: 人民出版社, 2002: 352.

⑤ 柏拉图. 柏拉图全集·法篇（第3卷）[M]. 王晓朝, 译. 北京: 人民出版社, 2002: 504.

⑥ 柏拉图. 理想国 [M]. 郭斌和, 张竹明, 译. 北京: 商务印书馆, 2002: 41.

arete，有各自特殊的功能。

古希腊人看到人不同于动物，需要依靠共同体生活；在社会共同体中需要某种共同的规范，形成当时最为迫切的能受到大家赞赏的共同品质，而这种共同品质是随时代变化的。在荷马时代，为维护共同体而奋力作战就是最有价值最需要的共同规范、共同品质，它就成为 arete。当时还没有"勇敢"这样的词语，就用"arete"来表述：谁最勇敢就拥有最高的 arete，这就是英雄时代最高的善，最高的德性。随着社会的发展和人们的思想觉悟的提高，人和动物的区别也越受人们的重视，这样人类社会生活方面的品性、特长、优点、才能等特质也就日益备受推崇，在社会活动方面的优点日益成为重要的 arete。在梭伦时代，dike（正义、公平）占重要地位，谁能够公平地待人接物就是拥有最高的 arete。到哲学产生以后，理性灵魂受到重视，成为最大的 arete，"深思熟虑是最大的 arete"①。由此可见，对人的 arete 的看法已经发生了质的变化，即从指称人的天然本性和天然功能转向人的社会本性；人的 arete 不仅指生理方面的特长和功能，而且主要指人在社会生活中的品德和优点，这就接近伦理意义的德性了。然而在智者活动时期伦理学尚未形成，人们还是从优点和功能方面理解 arete 的。和智者同时代的德谟克利特说过，"驮兽的优越性在于它们体格的健壮，但人的优越性则在于他们性格的良好禀赋"②。可以看出，他对人的优越性的言说仍然在 arete 的原始含义之内。

必须指出的是，在翻译古希腊的 arete 中，包括中文在内的其他文字都很难找到一个确切的词语来与之对应。③ 从词源学的角度来说，希腊语"arete"是从战神阿瑞斯（Aress）派生来的，拉丁语将其翻译为 virtus，Virtus 对应的词根是 Vir。"Vir 指人的才能、特长、优点，也指刚强、勇敢等品德，它和 arete 有共通之处，但在用于物和动物方面有差异。"④近代西方语文都遵循拉丁文 virtus，英语将其翻译为 virtue，汉语根据英语将其翻译为"德性"。其实"德性"和"善"是 arete 后来才发展成的一种含义。

二、德性伦理：一种道德类型学的划分

1958 年，英国著名哲学家伊丽莎白·安斯库姆（G. E. M. Anscomber）发表了《现代道德哲学》，该文章被认为是德性伦理学在现代西方社会复兴的标志。她严厉地批评了现代道德哲学忽略对道德品质、道德动机和德性的说明，甚至在这些问题上是分裂的。她主

① 汪子嵩，范明生，陈村富，等．希腊哲学史（第 2 卷）[M]．北京：人民出版社，1997：169.
② 周辅成.《西方伦理学名著选辑》（上卷）[M]．北京：商务印书馆，1964：75.
③ 汪子嵩，范明生，陈村富，等．希腊哲学史：第 2 卷 [M]．人民出版社，1997：170.
④ 同上书，第 170 页。"vir 意指男子，所以 Virtus 就是有力量和丈夫气概。"另参见康德．道德形而上学原理 [M]．苗力田，译．上海：上海人民出版社，2002：2.

张我们应当停止思考义务、责任和正当等问题而返回到亚里士多德的思维方式，让美德重新回到道德生活的中心位置上来。受安斯库姆的影响，麦金太尔把现代道德哲学的讨论推到了更为实质的层面。他在其名著《德性之后》书中，对现代西方道德生活和道德理论存在的问题展开了猛烈的批判。他从现实社会和理论的历史变迁中考察了现代社会道德秩序失范的原因。现实社会人们通常把摆脱了身份、等级和出身等封建传统对个人的约束的现代的自我的出现看成是历史的进步，麦金太尔却认为，这种在"争取自身领域主权的同时，丧失了由社会身份和把人生视作是被安排好的朝向既定目标的观点所提供的那些传统的规定"①。这是当代道德问题的最深刻的根源所在。从道德理论的流变来说，自思想启蒙以来，以理性为支撑构建的各种道德理论，包括休谟的情感主义道德，康德的形式主义道德，克尔凯郭尔的选择论，边沁、密尔的功利主义，西季威克、摩尔的直觉主义理论等对于道德合理性的努力，都没有确立道德的合理权威，都经不起理性的驳难，因此都不可避免地陷入了失败的命运。

麦金太尔认为，现代社会个人生活已经不是一个整体，个人生活已经被撕成碎片化的状态，在生活的不同空间和时间有不同的品性要求，而作为生活整体的德性已经没有存在的余地了。而且，进入现代社会，具有内在利益的实践概念和人类生活整体的概念这样一些背景概念从大部分人类生活领域撤退和隐匿，结果就是对亚里士多德哲学的坚决抛弃，同时社会变迁的这种结果就使得德性丧失了社会背景条件，从而使得传统意义上的德性退居现代社会的生活边缘。与此同时，新的德性概念随之出现，"德性是由一种较高层次的欲望（在这种情况里就是一种按相应的道德原则行动的欲望）调节的情感，这些情感亦即相互联系着的一组组气质和性格"②。功利和权力概念打倒德性并占据其中心地位，在现代人的生活中，德性已经成为实现外在利益的工具。所以，现代社会正处于"德性之后"的时代。

规范伦理与德性伦理的分野，应该是现代伦理的学术话语。与强调责任或规范的义务论和强调后果或效果的功利论不同，德性伦理是一种以人的德性为中心的伦理学，它关注的中心问题是"我应该成为什么类型的人"。德性伦理关注人的内在品质，以个体道德人格的整体生成与个体道德精神的高尚性和个体道德行为的完美性为核心目标。换句话说，所谓德性伦理就是指以个体内在德性完成或完善为基本价值尺度或评价标准的道德观念体系。从德性伦理的基本含义可以看出，与"我们应当如何行动"为中心的规范伦理不同，德性伦理的内容包括道德主体的道德品质、道德情感、道德评价、道德教育、道德修养、德性与幸福、人生价值等诸多方面。从德性伦理概念的内涵和外延来说，我们后面所讨论

---

① 麦金太尔. 德性之后 [M]. 龚群，译. 北京：中国社会科学出版社，1995：45.
② 罗尔斯. 正义论 [M]. 何怀宏，译. 北京：中国社会科学出版社，2001：90.

的西方传统的样态正是在这样的意义上进行的，因为无论是《荷马史诗》所表征的希腊英雄的"勇敢"，还是希腊城邦社会所倡扬的"智慧、勇敢、节制、正义"，甚至基督教所宣扬的"信、望、爱"等德性范畴，都是与道德主体的内在品质紧密关联的，而且这些德性范畴本身就成为行为评价的标准，在诸多伦理话语中，德性与幸福的关系是一个永远值得讨论的话题。

所以，在道德系统内，德性伦理这一概念的参照对象是规范伦理。作为完整的道德系统，道德运行的目标是实现个体心性的完善和社会关系完善的统一；道德运行的机制也是主体自觉和社会调控、自律与他律的统一。换句话说，不仅道德系统中的德性与规范在逻辑上和现实上难以分开，而且，作为伦理学理论类型和道德评价类型的德性伦理与规范伦理也是伦理学的不可分割的统一体，这种统一不只是主观逻辑上的要求，也是客观逻辑上的必然。所以说，对于德性伦理和规范伦理的讨论只是在道德类型学意义上来说的。由于思想家们所处的时代背景不同，面临的道德主题不同，对伦理问题关注的重点不同，因而在伦理学的知识形态上形成了不同的理论类型。即是说，从主观逻辑上，我们可以允许思想家从研究的角度对规范与德性各有侧重，但是从伦理生活的客观逻辑来说，规范与德性伦理的区分是没有任何意义的。换句话说，这样的分类仅仅只是一种出于学术讨论上的方便而已，舍此，就谈不上什么合理性可言。明白这一点对于我们的讨论是非常重要的，其重要意义不仅在于为后文我们理论的归宿做思想准备，而且这本身就体现了逻辑与历史相一致的原则，即西方德性伦理演进过程中本身的理论和其赖以存在的社会现实之间的内在关联。

第二节　德性伦理传统在特定文化背景中的淡出

一、文艺复兴与德性基础的抽空

从文化延续的意义上来说，早在古希腊时期，随着城邦共同体的逐渐解体，个人生命中的离异感、孤独感和缺乏共同精神支撑的生命意义就已经成为个人十分关注的问题，人们在寻求一种新的赖以慰藉生命失落的关系结构。在罗马帝国时代，由于社会腐败堕落趋势日益严重，人们渴求幸福生活的愿望陷入了虚无缥缈之中，对人类理性的信心更加丧失。人们越来越觉得自己和这个帝国以及这个帝国里城市没有关系，对这个世界的失望使人们热切期望寻到一个新的归宿，于是个人心灵的慰藉成为人们日益关注的主题。这个庞大的帝国对于它融成一个强大的整体的各族人民，不能给他们抵偿丧失民族独立的损失，它既不能给他们内在的价值，也不能给他们外在的财富。世俗生活的气息对古代各族人民来说已变得枯燥无味，于是渴望宗教。施然而传统的罗马宗教已经不能够再满足人们的需要，于是罗马公民开始在希腊罗马文化之外去信奉能够解脱个人罪孽、使人获得拯救与永生的其他宗教，其中最为成功地被接受和信奉的就是耶稣为救世主的基督教。基督教的天国福音为个人提供了国家所无法提供的东西，即个人和上帝之间的密切联系，个人和另一个更高境界的联系，以及在一个相互关爱的信仰团体中的成员资格，满足了人们的归宿需要。基督耶稣的品格、经历、死亡和复活，对人类苦难的关注，以及出于对整个人类的爱而在十字架上承受了人世间的种种苦难，也深深地吸引了那些贫穷的、处于社会底层的民众。基督教传播爱的福音，宣扬崭新的民主道德，主张个人价值不取决于出身、财富、教育和才能，并给身受厄运、感到死亡恐惧的人们许诺以永恒的生命，让他们进入天国，领受天父的慰藉，给生与死的现实问题提供了令人慰藉的答案。不仅如此，来自遥远国度的神圣福音也与罗马世界声色犬马的躁动之音形成了鲜明的对比，它以唯灵主义的理想、禁欲主义的生活态度，给予辗转在物欲横流中的人们以深深的心灵震动，唤醒了沉溺在物质主义和纵欲主义之中麻木扭曲了的灵魂。广大的人们终于找到了精神寄托，基督教成功地占据了他们的内心世界。

基督教伦理学认为，德性就是使人克服恶，完成了人生的使命，走完人生旅程的品质。基督教所说的恶，就是由于人类的始祖亚当和夏娃由于克制不住自己的欲望所犯下的原罪。所以为了拯救人类自己，他必须完成献身上帝的使命，在神性德性的眷顾下，在天国的人生旅程中，实现灵魂的救渡。没有任何一个暂时性的价值可以建立一种无条件的、绝对的要求，这种绝对的要求只能来自于一个绝对的至高的价值和目标，即根植于神圣存有和神圣意旨的某个价值。因此，基督教伦理在天主的意旨内为人生和历史寻求一个终极的目的与意义。可见，对中世纪人，德性的培养与上帝的信仰是一致的，从而是人生最重要的事情。这种对德性的理解和重视，使中世纪人的道德实践达到了目的与手段的统一。道德实践似乎只是进入天国这一终极目的的手段，正是由于这一目的的超越性，从而使道德超越了任何外在的世俗利益，这似乎使得目的与手段的关系成为一种内在的关系而非仅仅外在的关系。

然而，基督教德性伦理也没有逃脱物极必反这一历史规律。基督教伦理学注重德性而轻视人的感性欲望的思维最终把自己推向了被其对手解构的命运。从现实形态上来说，维持和繁衍生命是人的物性；寻求生命意义是人的神性。前者是人的自然属性，后者是人之为人的本质属性。没有神性的牵引，人将成为自然力的玩物和牺牲品，只会孜孜以求利害得失；没有物性，人将成为幻想中无所不能、至善至美的神仙或上帝。在某种意义上，自然世界与自由世界的外在对立实际上可以理解为一个人的物性与神性的内在冲突。换句话说，人总是处在有限的物与无限的神、肉体与灵魂、感性与理性的对立统一之中。中世纪文化把德性的完善锁定在纯粹的精神领域之中，并极力劝导人们要努力抵制自己的欲望，但是人的存在本身就蕴含了物质和精神的双重属性，一方面，他要在现实丰富感性的生活中获得生命的能量，另一方面，他也要在追求某种永恒的完美中提升其生命的质量。中世纪基督教神学总是要求人们追求神圣的超越，在一开始的时候，这种文化精神对于那些曾在悲苦和无助中的人们或许还有某种神性的牵引，鼓励他们把灵魂寄托在彼岸的全知全能全善的上帝那里。对上帝的信仰和对天国的追求构成了人们的精神家园，而具有共同信仰的团体是人们交往的纽带。但是，当人们已经习惯了这种单一刻板的生活并对其产生厌倦的心理情绪时，于是就有人开始批判这种精神生活的虚假性了。

同时，在中世纪鼎盛时期，政教合一是西方基督教社会的统治形态。在教皇指导下的整个西欧是一个相对统一的基督教世界的王国。然而，在中世纪晚期，教皇权威逐渐失去了昔日的辉煌，教会政治逐渐步入衰落的状态。随着各个国家君主权力日益增长，在虔诚的基督徒心目中，教皇不再像是基督福音的使者，而更像是一个世俗统治者。与此同时，基督教教会实施的各种残暴行为，对赎罪券、圣物崇拜持怀疑态度者，都将其列入异端思想之列，对这些异端思想者实施严厉打击，绝不心慈手软；在教会犯罪的同时，神职人员生活堕落腐败、荒淫无耻。所有这些都在败坏着神圣教会的声誉，从而激起了广大民众的痛恨和厌恶心理。教会实施的残暴行为和神职人员道德的堕落，使得教会离原始基督教所主张的德性教化的化身越来越远。赎罪券是教会公开发行的一种专门证书，根据所犯罪恶的轻重程度不同而价格不同。"神恩被当作一种商品自由出卖，使基督教道德的神圣和纯洁遭到严重的玷污"①。

基督教的禁欲主义和自身的堕落腐化，激起了当时有识之士的强烈反抗，文艺复兴倡导的人文主义价值观念便是对中世纪基督教文化的反抗。文艺复兴是 14 世纪到 16 世纪欧洲封建社会开始解体、资本主义生产方式正在形成过程中的产物。这一时期思想家的口号就是要把那种曾在古希腊、古罗马一度繁荣兴盛，而在中世纪被湮灭的古典文化重新"复兴"起来。文艺复兴绝不仅仅是古典文化的简单再现，而是新兴的资产阶级把不同于中世纪神学的古代文化当作反封建的思想武器，在"复古"的口号下，宣传本阶级以"人"为中心的人文主义新思想、新文化。这种人文主义思潮的特征是：反对神学、神性，宣扬人权、人性；反对愚昧主义和神秘主义，颂扬理性智慧，崇尚科学知识；反对禁欲主义和来世主义，重视现实生活；反对封建等级特权，提倡自由、平等、博爱的思想。在此，我们无意去对文艺复兴本身的内容做全面的考察，只是指出这场思想解放运动对中世纪基督教道德所产生的影响就够了。

---

① 田薇. 信仰与理性：中世纪基督教文化的兴衰［M］. 保定：河北大学出版社，2001：149.

在文艺复兴运动中，人文主义思想家把矛头直接对准基督教的禁欲主义，这是一幅充满感性瑰丽的历史画卷，它描述的是对于人的感官性快乐的满足。这一时期的思想家们几乎都在为维护人的尘世幸福而不懈努力。"如果我们把但丁和他同时代的人作为证据，我们将看到：古代哲学是以一种和基督教成为鲜明对比的形式，即享乐主义，来首先和意大利生活发生接触的。"① 被称为近代"第一个人文主义者"的彼特拉克喊出："我不想变成上帝，或者居住在永恒中，或者把天地抱在怀里，属于人的那种光荣对我就够了。这是我企求的一切，我自己是凡人，我只要求凡人的幸福。"② 人们指责伊壁鸠鲁用过于放荡的概念来解释崇高的美德。他把崇高的美德寓于享乐之中，并断言人的一切行为都应当以此为准绳。而我们每天愈是认真思考此种见解，便愈是同意他的看法。我认为这种主张几乎超越人的思想，而成为一种至高无上的神的旨意。他把崇高的美德寓于享乐之中的依据是：他更深刻地看到了大自然的力量。他认为我们既然是大自然的产儿，就应当竭尽全力保持我们肢体的健美和完好，使我们的心灵和身体免遭来自任何方面的伤害。③ 可以看出，伊壁鸠鲁的快乐主义实际上构成了人文主义的理论基础。从这个意义上来说，文艺复兴在哲学上并非是一个深刻的时代，它只是复活了被中世纪基督教教会所压抑的人的感性欲望的快乐主义而已。人文主义者用古代的权威代替了教会的权威，又用感觉主义和个人主义的权威代替了古代的权威。这个权威的实质就是人的感性权利。文艺复兴和人文主义的直接后果，是感性和想象力的自由放纵，以及道德秩序和政治秩序的彻底崩溃。

二、宗教改革与德性神化的祛魅

文艺复兴时期出现的感觉主义是从世俗的方面对基督教发起的攻击，这种攻击对于基督教来说是来自于外部的力量。与此同时，在基督教内部也出现了新生的力量，他们以维护信仰的纯正性向罗马教皇发起了攻击，这就是宗教改革运动，他的领导人物是路德和加尔文。"这场运动（指宗教改革）表面看来似乎是背着人文主义的世俗方向回到中世纪的精神，但实际上，它以人文主义思潮所无法比拟的力量，给予罗马天主教以沉重的打击，最终导致了天主教在西方统治的最后崩溃，形成了与天主教相对立的新教，永远结束了基督教一统天下的局面。"④ 在此，我们没有必要详细探讨宗教改革的具体过程和内容，我们只需要指出：这场运动颠覆了中世纪基督教德性论，从而开始另一种道德演进的新趋

① 布克哈特. 意大利文艺复兴时期的文化［M］. 何新，译. 北京：商务印书馆，1991：487.
② 北京大学西语系资料组. 从文艺复兴到十九世纪资产阶级文学家艺术家有关人道主义人性论选辑［M］. 北京：商务印书馆，1971：11.
③ 加林. 意大利人文主义［M］. 李玉成，译. 北京：生活·读书·新知三联书店，1998：47.
④ 田薇. 信仰与理性：中世纪基督教文化的兴衰［M］. 保定：河北大学出版社，2001：184.

向。所以，我们这里对于宗教改革的内容只做与道德相关的交代，而且对问题的思考可能是跳跃式的。

路德宗教改革的核心问题是灵魂如何获救的问题，这也是基督教德性论的中心之一，基督教的三大德性就是围绕这一核心问题展开的。《圣经》主张"义人因信而得生"，该命题的基本思想是：信仰是人获救和在上帝面前称为义的前提和必要条件。人的原罪和本罪是不能自救的，人凭借自己的力量不能在上帝面前称义，只能借助上帝之子基督所赐予的救恩，才能获救。因此，救赎的根源在于上帝的恩典，而信仰则是获得上帝恩典的一种确证。得救从本质上来说是个人与上帝建立的一种正当关系，这种关系的基础和保证是上帝的仁慈，这种仁慈通过基督代人类受难而彰显出来。基督的一次蒙难承担了全人类的罪，人则因为信基督的福音而得到他的义。信仰是上帝赐予的，它包含着个人得救的承诺。全部福音的含义就是"罪得赦免"，而信仰则是毫不犹豫地接受和拥有福音，它使信仰者的灵魂充满欢乐、安宁和对上帝的绝对信任。中世纪基督教会在承认这种说法的同时，又把诸如童身、守贫、斋戒、施舍、朝圣，甚至购买圣物、赎罪券等所谓的"事功"和教士的中介作用，看作人的灵魂获救不可缺少的条件。路德认为，"义"不在于所做的善行和积下的功德，不在于人表现在道德实践方面的自由意志，而在于上帝的恩典和人对上帝救恩的虔诚信仰。以往基督教教会一直把义称作一种善功和一个人从罪人到义人的结果，这样既忽略了上帝的恩典，又轻视了对福音的信仰，从而导致了中世纪基督教道德的形式化和虚假化倾向。路德则坚持因信称义是灵魂获救的唯一准则。路德认为唯一的善功只属于基督，它已经表现在基督蒙难的事实中，人在信之前，其行为谈不上善功，而对于在信的人，则不再存在善功的义务，因为基督已承担了一切。

法国人加尔文的宗教改革是继路德宗教改革之后又一次轰轰烈烈的对中世纪基督教冲击的思想启蒙运动。加尔文认同路德在宗教改革上的观点：教会所主张的善功并不是灵魂获救的原因，不能改变上帝的先定命运。但是与路德在这一问题的差别在于：他认为人们不应该放弃在世俗生活中的各种努力，而应该积极谋求事业的成功，因为成功的事业意味着实现了上帝赋予的先定使命，它是灵魂可以获救的可靠证明，更是荣耀上帝的一条重要途径。于是，本分的道德生活，努力不懈地工作及其世俗生活的成功，越来越成为人们的一项积极追求。

路德和加尔文宗教改革的意义在于对中世纪封建教会制度的直接动摇。表面上看，文艺复兴对于中世纪基督教的攻击似乎要比宗教改革激烈得多，但是从整个社会变革的角度来说，宗教改革所引起的社会精神领域的变化远比前者深刻和全面。事实上，一个社会仅少数思想精英的思想转变并不足以引起全社会的深刻变化，它充其量只能成为社会深刻变化的前奏。全社会的深刻变化必须经过社会制度的变革。而在中世纪沿袭下来的西方社会中，教会的活动渗透到了社会生活的各个领域，所以教会制度的改革表征着中世纪基督教社会制度的变迁。从此之后，教会制度开始不再束缚世俗国家的权力运行，西方社会进入了由理性铸造的现代资本主义社会。"宗教改革摧毁了基督教世界的统一性以及经院学者以教皇为中心的政府理论"，从而使近代国家主义得到长足的发展；此外它还取消了灵魂与上帝之间的"尘世的居间人"，从而培育了思想、政治上的多元格局和精神生活中的神秘主义与个人自由倾向。① 黑格尔把文艺复兴和地理大发现称为"黎明之曙光"，把宗教改革称为黎明之曙光以后继起的光照万物的太阳。

从价值观念的意义上说，路德和加尔文宗教改革希望个人重新恢复自己的个性和创造性；强调个人仅仅通过信仰直接面对，解除了不必要的繁文缛节，于是教会的仪式逐渐丧失了往日的意义。长期困顿在中世纪基督教整体价值体系中的自我观念逐渐得到了挣脱，经过思想启蒙运动张扬的理性主义和自由主义终于扬眉吐气地和它赖以存在的资本主义制度一起，共同成为支撑西方社会和西方人生存的普遍原则。"路德的思想肯定了个人的权力和精神的自由，坚持个人有权进行理性思考，个人有权坚持自己思考获得的结论。它体现了人文主义的理性批判精神，也是对教皇权力和教会束缚的否定。"② 如此，在社会道德生活和伦理评价中，以权力和功利为目的的规范伦理逐渐取代传统的以德性和目的为气质的德性伦理，规范越来越占据道德生活的中心位置，与之相对的德性伦理却越来越退居到道德生活的边缘。

"宗教改革后，勤奋劳动、谦和节俭、尽职尽责，全部具有了善功的性质，变成了人们恪守的'天职'，这也是新教，特别加尔文教的禁欲主义伦理观。"③ 马克斯·韦伯对宗教改革所塑造的资本主义精神的经典解释，至今仍是社会学知识系统中不可忽略的话题。在韦伯看来，正是由于基督教的禁欲主义才孕育了资本主义的精神。在构成近代资本主义精神乃至整个近代文化精神的诸基本要素之中，以职业概念为基础的理性行为这一要素，正是从基督教禁欲主义中产生出来的。韦伯所说的基督教禁欲主义就是指加尔文的新教禁欲主义，这种禁欲主义既反对贫穷、懒惰和乞讨，也反对豪门的放纵挥霍和暴发户的奢华炫耀，但是它却鼓励勤俭、节俭和发财致富，只要发财的目的不是为了满足私欲而是为了增加上帝的荣耀。"（清教徒）特别不可容忍的是有能力工作却靠乞讨为生的行径，这不仅犯下了懒惰罪，而且亵渎了使徒们所言的博爱义务。"④ "我们已经看到，清教禁欲主义竭尽全力所反对的只有一样东西——无节制地享受人生以及它能提供的一切。"⑤ 在清教徒看来，劳动是一种最好的禁欲手段，它可以使人抵御各种肮脏卑污的恶行的诱惑。更为

① 罗素. 西方哲学史：上卷 [M]. 何兆武，李约瑟，译. 北京：商务印书馆，1963：17，20.
② 田薇. 信仰与理性：中世纪基督教文化的兴衰 [M]. 保定：河北大学出版社，2001：186.
③ 同②192.
④ 马克斯·韦伯. 新教伦理与资本主义精神 [M]. 于晓，译. 西安：陕西师范大学出版社，2006：104.
⑤ 同④95.

重要的是，勤奋劳动同厉行节俭一样是获得上帝恩典的象征。"如果财富是从事一项职业而获得的劳动果实，那么财富的获得便又是上帝祝福的标志了。更为重要的是：在一切世俗的职业中要殚精竭虑、持之不懈、有条不紊地劳动，这样一种宗教观念作为禁欲主义的最高手段，同时也作为重生与真诚信念的最可靠、最显著的证明，对于我们在此业已称为资本主义精神的那种生活态度的扩张肯定发挥了巨大无比的杠杆作用"①。

韦伯对于宗教改革所引发的资本主义精神气质和社会伦理观念变迁的讨论，按照他这一思维路径所得出的结论是否合理，需要我们进一步讨论。诚如韦伯所言："某些宗教观念对于一种经济精神的发展所产生的影响，或者说一种经济制度的社会精神气质，一般来说是一个最难把握的问题。"② 但是，指出这一点对于我们的讨论是非常重要的，它至少表明：宗教改革是西方中世纪基督教德性观念内涵变迁的文化根源之一。宗教改革之后，德性概念被赋予一种新的含义，德性即是一种在世俗生活中获得成功的品质。"上帝纵不能返回，但是上帝留下来的道德真空必须填补。填补者只能是世俗形式的道德至善论，而不能是外在的物理世界的经验法则"③。这一点在后来的功利论中得到了彻底的推行，对这一话题更为细致的讨论稍后我们即将展开。

三、启蒙运动与德性传统的颠覆

如果说人文主义者的基本倾向并非从根本上否定基督教信仰，而是用人性的、感性的和个人主义的因素来充实和改造基督教，使它更少一点中世纪陈腐的烦琐气息，更多一点亲切的人情味的话，那么发端于 18 世纪法国并席卷整个欧洲思想界的风起云涌的启蒙运动可以说是掀起了基督教文化的老根。"日益接受伊壁鸠鲁认为生活里应尽情享乐，以及所有的享乐除非证明有罪，否则皆是无害的观念"④。在这场声势浩大的思想解放运动中，由于科学理性的异军突起，理性成了衡量一切事物的标准，以往的一切传统文化，包括中世纪基督教道德都要接受理性的审判。作为新兴资产阶级代言人的启蒙思想家，他们试图依靠理性来构建一个以功利主义为中心的道德王国。

启蒙思想家首先展开了对中世纪基督教道德的无情批判。启蒙思想家的最为著名的代表人之一，法国的爱尔维修认为，基督教主张的"人人都自称为了美德本身而爱美德。这一句话挂在每一个人的嘴边，但是并不存在于任何人的心里"⑤。他认为美德之所以受人

① 马克斯·韦伯. 新教伦理与资本主义精神 [M]. 于晓，译. 西安：陕西师范大学出版社，2006：99.
② 马克斯·韦伯. 新教伦理与资本主义精神 [M]. 于晓，译. 西安：陕西师范大学出版社，2006：11.
③ 朱学勤. 道德理想国的覆灭：从卢梭到罗伯斯庇尔 [M]. 上海：三联书店 2003：65.
④ 杜兰·世界文明史：文艺复兴 [M]. 北京：东方出版社，1998：404.
⑤ 北京大学哲学系外国哲学史教研室. 十八世纪法国哲学 [M]. 北京：商务印书馆，1963：512.

尊重，因为它对人是有利的。人们爱的不是美德，而是权力和荣誉。人们把对权力和荣誉的爱当成了对美德的爱。"是什么动机决定了隐修士忍受痛苦去断食斋戒，身披忏悔衣，自己鞭挞自己？是对于永恒幸福的希望；他怕下地狱，要想升天堂。"快乐和痛苦这两个产生修士美德的原则，也是各种美德的原则。对于奖赏的希望使它们产生出来。尽管人们吹嘘自己对它们存在着无所为而为的爱，但是，如果爱美德没有利益可得，那就绝没有美德。① 霍尔巴赫也指出，"美德这个名词，我们只能理解为追求共同幸福的欲望；因此，公益乃是美德的目的，美德所指使的行为，乃是它用来达到这个目的的手段"②。中世纪基督教德性论主张人的德性源自于上帝的启示，是由于人们对于上帝的敬畏而分享了神性的完美。人类必须永远保持对上帝的虔诚和信仰，上帝给予人的不是尘世的感性欲望的满足，而是人在天国中精神的超越和完美。启蒙运动思想家把矛头指向封建神学道德，他们要揭穿神学道德的这种虚假性和欺骗性。他们用理性解除了道德与宗教的联系。他们认为，无神论者最有道德，因为他们遵循自然道德，听从理性的召唤，顺乎情感欲望，追求现实幸福，有利于社会进步。所以，一个由没有任何宗教、受过良好教育的无神论者组成的社会不仅是可能的，而且比有神论者的社会将更为高尚和更为有德。"要使人有德行，就必须是谁有德行对谁便有利才成，或者使他发现实践德行的好处"③。

启蒙时代是与感性决裂的时代，是理性高扬的时代，也是理性片面发展的时代。在启蒙运动所张扬的理性精神下，伦理学的知识形态和话语系统呈现出了两种状态：以经验论为哲学基础的感觉主义和以先验论为逻辑前提的理性主义伦理学，前者在休谟那里达到了最为系统的效果论表达，后者在康德那里完成了严密的义务论体系。又是第一次探索人类生活于一个神性缺乏的世界如何重建道德理想，尤其是如何重建政治秩序中的道德理想，这又是一个探险的方向，崭新的方向。所以，我们对于启蒙运动之后德性伦理失落的思想根源的讨论，将从展示功利主义伦理学和义务论伦理学的思想轨迹中，来做进一步的考察和评判。

第三节 中西德性伦理传统的文化比较

无论是上面提到的对我国转型社会中的道德建设问题的思考，还是对麦金太尔"回归亚里士多德传统"的批判上，一种中国传统德性伦理的知识资源（或视野）都是永远需

---

① 北京大学哲学系外国哲学史教研室. 十八世纪法国哲学 [M]. 北京：商务印书馆，1963：512.
② 霍尔巴赫. 自然的体系：上卷 [M]. 管士滨，译. 北京：商务印书馆，1964：123.
③ 朱学勤. 道德理想国的覆灭：从卢梭到罗伯斯庇尔 [M]. 上海：上海三联书店，2003：65.

要的。当前道德建设所需要的伦理精神的价值生态，有相当一部分是从祖先那里继承而来的，即使是新生成的道德资源形态，也与传统具有不可分割的联系。传统就是代代相传的事物。传统是现在的过去，但它又与任何新事物一样，是现在的一部分。就后者来说，由于现代社会的特殊结构，麦金太尔企图"回归亚里士多德以拯救现代德性"的努力只能是一种良好的愿望而已。如果麦金太尔把目光移向中国传统儒家德性资源，或许会找到解决问题的思路。基于这样的理解，我们需要对两种不同的德性传统做一个文化学意义上的比较。当然，以下只是给出了一个大体的比较框架，许多问题有待于做具体和深入的论证。

一、中西德性伦理传统的文化比较

不同文化相互观照的意义在于认识彼此的长处和短处，并在此基础上相互学习，达到取长补短的目的。就德性伦理传统而言，中西互相关注的首要问题是德性伦理传统的各自特点。从更实质的意义上说，它们各自的特点可能反映了中西道德伦理的异质性，因为只有准确把握这一层面的内容，才能发现两种理论的优缺点。就中西方德性伦理传统来说，造成中西方传统德性伦理学差异的一个关键因素是中西哲学的核心范畴不同，因为伦理学是作为哲学的一个组成部分而存在的，而且在更为实质的意义上来说，中西德性伦理学传统几乎是在同一个时间发生的①。

一个民族的哲学有怎样的核心范畴，就会有怎样的哲学，当然也就会有怎样的伦理学，哲学和伦理学内化和塑造着该民族的思维方式及其伦理智慧。中西哲学的核心范畴不同，造成了中西思维方式和民族智慧的根本差异。中国哲学的核心范畴是"仁"和"道"，它们是从日常语言的经验事实中概括出来的。"仁"这个范畴形成中国的"价值理性（日用理性）"；"道"这个范畴形成中国的"诗性智慧"。价值理性使中国人特别关注社会和人事关系的调整和维护；诗性智慧使中国人的思维方式弱化逻辑而极富想象。二者以"入世"和"出世"共同来安顿中国人的人生。西方哲学的核心范畴是"存在"或"是"。据亚里士多德说："古往今来人们开始哲理探索，都应起源于对自然万物的惊异；他们先是惊异于种种迷惑的现象，逐渐积累一点一滴的解释，对一些比较重大的问题，例如日月与星的运行以及宇宙之创生，作成说明……他们探索哲理只是想摆脱愚蠢，显然，他们为求知而求知，并无任何实用的目的。"② 海德格尔认为，哲学起源于古希腊人对"一切存在者在存在中"的惊讶。由此，"存在"（Being）成了哲学的主题，"是什么"成

---

① 笔者是在先秦儒家伦理学和亚里士多德伦理学范围内作比较，因为它们分别代表了人类轴心时期不同地域的思想家对于道德问题的思考，它们是典型意义上的德性伦理的代表。

② 亚里士多德. 形而上学 [M]. 吴寿春，译. 北京：商务印书馆，1959：982.

了哲学的追问方式。关于"存在是什么"的询问和思考以及由此获得的一切知识就是希腊的或西方的哲学智慧。由于这种理论化、体系化的知识之超验、终极和绝对的性质，哲学就是形而上学。问存在"是什么"，实际上把存在当作一个客观对象来把握。因此，起源于希腊的西方哲学具有形而上学的对象性思维方式和知性逻辑认知态度的特征。只有理解中西哲学的核心范畴，我们才能理解中西伦理学在德性方面的内在差异。大体来说，中西方德性伦理在文化意义上的差别主要表现在以下几个方面：德性主体上的个人与人伦的差别；道德评价标准上的成就与成人的差别；德性实践上的"理智德性"与"仁且智"的差别。

在德性主体上，中国传统儒家德性伦理学较为注重人事关系的调整，个体的德性只有在人际关系中方能体现出应有的价值。这一点可以从儒家德性伦理的核心范畴"仁"的内涵中得到更加明确的解释。在《论语》中，一个完整的"仁"的概念乃是爱与仁作为复礼的综合。显然，儒家伦理中"仁"的概念在地位上与亚里士多德伦理学中的"德性"概念相类似，因为它具有统率其他各种德目的功能特性。这里需要说明的是，传统儒家伦理中的"个人"具有"虚""实"相交的两面性。"虚"表明孔子的思想在儒家德性伦理体系中，没有明确界定一个具有独立实存意义的个人概念，在谈论"我""自我""本人"这样的概念时，其语境总是相对的、非实体性的。"实"表明儒家伦理中的个人概念又具有实在性和真实性，具体表现在个体内在德性的修养和外在的伦理关系之中。一方面，个人的德性只能在内在化了的道德意识品质和心灵境界的精神追求中才能呈现出来，这也就是儒家所说的"为己之学"的传统。另一方面，个人的德性必须在多方面的人际关系中才能得到展示，抽掉客观的人伦关系，个人的德性将无从谈起。就此而言，儒家德性伦理首先是关系中的"协调性"义务规范和对这些规范的内化实践，而非独立的个体目的性价值的完成或目的实现。相形之下，西方传统德性论主要侧重于关注个人品德内炼，德性总是具体的，与个人的特殊角色的作用和目的相匹配的功能或价值的实现。在这个意义上来说，德性意味着特殊行为实践的圆满成就，或者以这样的成就所展示的行为者在某一特殊品质上的卓越和优秀。对于这一点，我们已经在前面古希腊德性观和德性统一的问题中做出了非常详尽的讨论。

不可否认，造成中西伦理传统在德性主体差异上的直接原因是中西哲学的不同范畴，但是最为根本的原因恐怕在于社会结构的差异上。在儒家德性伦理传统中，由于缺少足够明确的天人之分和家国之分，人伦关系的自然化和德性主体概念的非人格化便成为一种必然的文化结果。自然化的人伦观念凸显了血缘地位，使之成为决定一切人际关系的根本。在这种呈现为横向性的等级社会结构中，是不可能产生亚里士多德伦理学意义上的把人作为目的或拥有自由权利的"个人"概念。

由于中西传统伦理在德性上的差异，直接导致了在道德评价机制上的不同。对于儒家传统伦理来说，"内圣外王"被儒家尊为道德评价的经典标准。儒家传统德性伦理的根本目的不在于实际取得的成功，而在于整个人生的道德确立，在于作为伦理人或"仁人"的根本完善。它是道德的，因为德性的完美必须依靠道德主体的自觉实践才能实现。同时它又是伦理的，因为个人的道德实践必须且只能在具体的人际关系这一客观环境中才能达到目的，实现其价值并得到客观的肯定。而对西方德性伦理来说，评价一个人成功与否的标准在于他个人实际取得的成就，西方德性伦理在道德评价上更注重个人的实际事功。

这里我们从德性主体的差异来解释道德评价上的不同。在儒家传统德性理论中，在人与人的关系中，关系双方都具有主体的地位，或者说根本就不存在主客之分。在这样的人际关系中，德性的最为重要的价值不在于关系中的任何一方具有独立自为的目的，而在于相互对待的道义。在这个意义上，德性的价值是靠关系中的对方或其他人的评价来实现的，这就使得对方或他人对于自己行为的评价显得非常重要和关键。正是如此，处于人际关系中的个人并不具备独立实体或作为本体的价值意义，只具有相对的或相互承诺的道义意味。在以亚里士多德为中心的西方传统德性伦理中，德性就意味着使得一个人好又使得他出色地完成他的活动的品质。可以看出，德性总是与具有独立身份的个体紧密关联在一起的，这一点柏拉图给予了最为完美的说明。在古希腊德性传统中，德性之所以必须落实到个体身上，主要的原因在于：在人与人的关系中，自我与他人的关系是一种主客泾渭分明的关系，换句话说，人与人之间的主客体关系是一种相对的。因此，作为德性价值实现的目的本身，目的总是相对于某个人的自我来说的。这样，个人自我与他人或社会的关系同时意味着目的与手段的关系。在这种关系结构中，作为存在本体或作为价值本体地位的个体或群体是客观的。如此，处于对人与社会关系的分化意识，德性被分别归属于作为社会或社会共同体之成员的公民个体和社会共同体本身，因而形成相互之间具有严格区别的个体德性与社会德性。换句话说，这一意识中的德性概念更多地具有社会角色的、特殊的和分离的特点，而非人伦关系中的角色德性或关系性德性。

在道德修养的实践上，存在"智德双修"与"理智德性"的差异。在传统儒家德性伦理中，存在着一种以"德"代"智"的思维倾向。在一种德性主义至上的伦理框架之中，德性不仅仅关系到对于道德主体的行为技术方面的要求，更重要的是人的道德修养的问题。在这个意义上，儒家这种注重德性的为己之学强调的"主要的不是追求未来仕途上的实用，而是一种与提高自身品质和培养的道德活动"①。而对于以亚里士多德为中心的西方德性伦理来说，道德实践的主要方面就是"理智德性"的培养。从德性的生成来说，理智德性主要是通过教导而形成的，所以需要经验和时间。而伦理德性则是通过习惯养成的。理智德性的培养主要依赖于知识和技术的教导，其教育主要是经验知识的同质性教

---

① 焦国成，中国伦理学通论：上册［M］．太原：山西教育出版社，1997：386.

育。所以德性是一种选择的品质，存在于相对于我们的适度之中。这种适度是由逻各斯（理性——引者注）规定的，就是说，是像一个明智的人会做的那样地确定的。中西伦理学在道德实践上的这种差异，哲学思维，就是价值理性和逻辑理性的不同所致。关于这些问题，需要深入细致地讨论才能做出合理的解释和说明。

二、德性伦理传统断裂的历史文化原因

由于本书是在现代社会结构转型之中思考西方德性伦理断裂的社会历史原因，西方德性伦理的困境在于西方社会工业化进程中出现了自身无法克服的因素。相应地，中国传统德性伦理的断裂除了与西方社会有着某些相互公度的因素之外，还有着自己独特的文化和社会历史因素。

在中国传统伦理思想史上，孔子是第一个从德性论角度构建伦理学说的思想家。他抓住当时已经出现的"仁"的观念，把它提升为具有人本主义和德性主义思想内涵的伦理原则和理想，并以此为核心建立了自己的伦理学说体系。孔子的"仁"虽有多重含义，但最基本的意思则是"爱人"①。樊迟问仁，子曰"爱人"②。孔子以仁为核心，提出了孝悌、忠信、智勇、中庸、礼义、温、良、恭、俭、让、宽、敏、惠、刚、毅等反映人的品德状况的伦理范畴（即"德目"）。他还把具备了较完美德性的人称为"仁人"或"君子"，把与此相反的人称为"小人"。这就为人们建立了一种人格理想和人生价值观。孟子继承了孔子的德性主义的逻辑方向。他说"仁也者，人也。合而言之，道也"③，又说"亲亲，仁也；敬长，义也"④。这是说，只有具备仁德的人，才有贵于天地的人生价值，才是真正意义上的人。也正是从肯定人的道德价值和理想出发，孟子才把人性理解为"善"的。随着历史由诸侯互竞向大一统的中央集权迈进，社会价值体系也以"天下无二道，圣人无二心"的历史最强音表现出来，秦汉以后儒家学说最终以"罢黜百家，独尊儒术"形态在中国历史上演进。自汉代董仲舒、宋明理学家，逐渐将孔孟的德性伦理扭转成为形而上学的独断论，德性伦理变成外在化的、刚性的封建纲常礼教，从而"在理论上把一定历史条件下的'当然之则'形而上学化为'天理'（自然的必然性），混同必然与当然，成了

---

① 朱贻庭教授认为，《论语》中所说的"人"，是泛指相对于己而言的他者，可以是贵族，也可以是民，甚至是奴隶。《乡党》载："厩焚，子退朝。曰：'伤人乎?'"即是其证。因此仁者"爱人"，其所爱的对象，显然越出了"爱亲"的范围，不仅体现了"爱"由近及远、由亲而疏的量的变化，而且包含了质的升华。——朱贻庭，中国传统伦理思想史 [M]. 上海：华东师范大学出版社，1989：37.

② 杨伯峻，论语·颜渊 [M]. 北京：中华书局，2005：131.

③ 杨伯峻，孟子·尽心：下 [M]. 北京：中华书局，2005：329.

④ 同③329.

宿命论；在实践上，它后来成为李贽所批评的'道学之口实，假人之渊薮'，戴震所批评的'以理杀人'的软刀子。它实际上把孔·墨的人道原则变成了反人道原则，因为它用天命来维护权威，为封建社会的人的依赖关系作理论论证，正是不尊重人的尊严和价值"①。中国封建社会中央集权的政治制度要求社会价值体系的集权化，因此以孔孟为代表的儒家价值体系也出现了向集权主义演化的轨迹，这是中国传统德性断裂的社会和理论自身的因素。

中国进入现代化过程中伴随复杂的内外因素，与西方相比，德性伦理传统的断裂似乎更为复杂，并且更为猛烈。自 19 世纪中叶起，伴随着火与剑的征服，西方科学理性——人本精神东渐，叩开了中国这一文明古国的门扉。西方各种新兴的文化思想自西涌入，各种流派应运而生，国粹与舶来品在这片土地上争战不已，在思想文化的诸多领域都产生了重大的精神巨变。西方不同的哲学文化和政治品质融进了中华民族的文化血液和政治性格中。如果撇开西方国家对中国殖民掠夺的性质来说，从中西冲突的物质条件对比来说，鸦片战争是先进的资本主义工业国对落后的传统农业国的征服——从魏源的"师夷长技以制夷"到轰轰烈烈的"洋务运动"是对此在"科技"层面上的回应；另一方面，近代中西不同的历史条件，还包括"社会制度的优劣"这样一个文化意义上最为重要的问题，中西冲突的结局，显示了资本主义的民主制对封建君主制的冲击。这就决定了中国近代化的实质不仅是资本主义工业化，而且包含着民主化的深刻要求。科学和民主成为中国社会转型的两面旗帜。"技术—科学—民主制度"是近代中国人向西方学习的历史轨迹。十月革命一声炮响，给中国送来了马克思主义，从此，马克思主义成了中国无产阶级进行社会革命和斗争的思想武器。在取得革命胜利后，马克思主义迅速占领了中国文化和思想的阵地。

三、德性伦理传统资源的现代转化

西方德性伦理传统的断裂是西方社会现代化过程中的客观事实。麦金太尔主张"回归亚里士多德传统"不能使西方社会走出现代性的道德困境，他的这一思路同样也不能解决我国的道德建设中出现的德性失落的问题。因为，一方面，中国德性伦理失落有自己独特的理论原因和社会现实。另一方面，中国的现代化并不一定非要以德性的失落为代价，中国有着深厚的德性资源，在一种道德类型学的意义上，中国并没有出现规范伦理与德性伦理分离的现象，中国儒家德性伦理本质上就是一种完整意义上的伦理学，即是德性与规范的统一。但是这并不意味着他的这一思路就完全没有可资借鉴之处，至少他重视德性与传统的思维是值得我们认真加以审视的。

---

① 冯契. 人的自由和真善美：冯契文集　第 3 卷［M］. 上海：华东师范大学出版社，1996：111-112.

儒家传统美德的形成、发展和作用有其特殊的社会结构和社会制度，它是建立在封建等级社会结构和自然经济的经济制度基础上的。这样的社会结构、经济基础和文化土壤在现代社会中已不再普遍或占主导地位。然而，这并不意味着传统的道德资源对现代社会的人们没有意义。传统的发展是因为那些获得和继承它们的人想要创造一些更真实、更完美或更方便的东西。这就意味着，要使德性所蕴含的道德原理和道德智慧在现代社会生活中发挥作用，使它成为滋养和培育现代个体德性的思想沃土，就必须根据现代社会及其发展的客观要求，对传统德性进行创造性的现代转化。

这种转化涉及的问题是多方面的和复杂的，大致说来主要有以下几个问题：一是传统德性资源为什么要转化，即它实现现代转化的必要性问题；二是传统德性资源能否转化，即它实现现代转化的可能性问题；三是传统德性资源向哪里转化，即它的现代转化的指向问题；四是传统德性资源如何转化，即它的现代转化的方式问题。传统德性资源转化的必要性和可能性是不言而喻的，因为它根源于现代与传统之间的内在关联性。这一点正如希尔斯教授所言——"现代生活的大部分仍处在与那些从过去继承而来的法规相一致的、持久的制度之中；那些用来评判世界的信仰也是世代相传的遗产的一部分"①。在传统德性资源转化的必要性和可能性问题上，国内学者万俊人教授给出了理论和实践方面的理由，应该说这些理由还是相当具体和充分的。这里似乎更为重要的是传统德性资源如何转化的问题。传统资源的现代转化大体上受两个方面因素的制约和影响。一方面，社会经济发展及其结构演变对转化的内容和形式起着最终的决定作用。虽然经济在这里并不重新创造出任何东西，但是它决定着现有思想材料的改变和进一步发展的方式。另一方面，这种转化又总是从已有的思想材料出发，形成一个相对独立的、前后相继的连续转化过程。关于这两个方面，转化的基本形式有两种，一种是"破旧立新"的形式，一种是"推陈出新"的形式。前者表现了经济社会变革引发的思想观念变化的事实，后者表现了思想观念转换的相对独立性的事实。前者本质上不是转化问题，而是替代的问题。从严格的意义上来说，后者才是一个转化的问题。

关于德性伦理在现代社会的生存问题，这里只给出一个粗浅的看法。现代社会从"公共生活领域"向"私人生活领域"的结构转型，并非意味着德性伦理就没有存在的空间，或者说，德性伦理只是一种前现代的伦理形态，已经丧失了生命力而无法适应现代社会。事实上，德性作为人的一种精神品质状态，它镶嵌在人的生命中，是个体人格中永远无法消除的因素。就现代社会来说，现代人的生活离不开各种各样的共同体，现代人道德生活的很大部分必然也是通过各种各样的伦理共同体来进行的。现代市场经济、民主政治和现代文化为真正意义上的伦理共同体的建构提供了平台，随着人们交往空间的扩大和交往程

---

① 希尔斯. 论传统 [M]. 傅铿，吕乐，译. 上海：上海人民出版社，1991：2.

度的提高，随着现代社会分工的复杂化和精密化，社区共同体、职业共同体等越来越成为现代人德性养成和实践的重要场所。在现代社会，传统意义上的家族共同体的形式已经基本消失，家庭或家族不可能成为现代伦理共同体的范型，但家庭或家族仍是培育和养成德性的社会细胞之一，对现代德性的形成与发展还是具有很大的影响的。从这个意义上来说，以麦金太尔和桑德尔等人为代表的社群主义的理论主张还是具有相当的生命力的。

第六章　跨文化视角下中西传统伦理与道德建设

第一节　中西之辩与传统伦理文化的再认识

就中西之辩而论，近代以来的中国以向西方学习为时代主题，但也在这个过程中渐渐丢失了对几千年积淀下来的传统文化的自信。中国共产党提出文化自信的口号，其潜台词可以被解读为：不再迷信西方，而是回望传统重新寻中国人自己的文化之根和安身立命之本。

从正反两方面辩证思考，我们今天提出文化自信这个话题，正是因为我们近40年缺乏文化自信。的确，近代以来，特别是五四新文化运动以来，我们在过度反传统的过程中，把那些优秀的、构成我们民族独特精神气质的伦理传统也忽略了。这一结果是在一些人那里出现了道德相对主义，甚至是虚无主义的任性，忘记了离经叛道之后"道"依然存在的基本事实。在另一些人那里，虽然也意识到伦理道德之于社会和个体生活的必要性，但却因为反传统而只关注西方伦理，习惯于在西方伦理价值观中寻找为人处世和安身立命的理论和方法。"现代化就是西方化"的理念和实践主张正是由此而生的。

因此，我们认为很有必要对这一反传统和过分迷信西方的问题进行学理层面的反思。只有这样，我们才可能对传统伦理文化价值产生认同感，开展现代性开掘。

一、传统伦理文化的自信

中国传统文化曾经有过非常辉煌的时期。从先秦的百家争鸣到汉唐雄风，再到别样精致的宋元时代，它一直引领着中国人傲然自立于世界民族之林。但是，到了明清之际，特别是清代末期，它开始衰落了。于是，文化认同的危机显现了。这个危机的根源除了明清统治者日益加剧的文化专制政策外，就文化自身的发展规律而论，更主要的还源于明清统治者的闭关锁国政策。

鸦片战争前，中国在几千年的历史发展中，形成了以儒家文化为核心的古老文明。它以自己的雄浑和包容，接纳和融合了周边的民族文化，甚至印度的佛教文化，形成了一条永不停歇的中国古代文化长河。也正因为如此，一些皇帝和士大夫在不知不觉中产生了对中国历史文化的优越感。因此，他们总是把周围的少数民族称为"东夷""西戎""南蛮"和"北狄"，认为他们是没有文化、野蛮、落后的。即使是东渡的西方人，也难免被冠以"西夷"的蔑称。正是在这种文化意识的引导下，专制衰落的清朝闭关锁国。闭关自守与虚骄自大便成为一对孪生兄弟。在鸦片战争之前，上至皇帝，下至庶民，对世界的无知程度是令人吃惊的。

然而，就在明清统治者驱逐传教士、封关锁国，沉醉于唯我华夏独尊的优越感的同时，西方已在轰轰烈烈地进行着引起世界面貌根本改观的工业革命。工业革命迅速地为西方社会积累起巨额的财富和琳琅满目的商品。于是，古老而庞大的农业古国——中国便成为西方列强眼中最好的商品倾销地和原料生产地。就这样，1840 年爆发的鸦片战争终于使西方列强用坚船利炮把中国推向了衰落与耻辱的时代。历经丧权辱国之痛的中国人，尤其是知识分子自然要思考中国为什么落后的问题。无论是以严复、魏源为主要代表的知识分子，还是以曾国藩、李鸿章、张之洞、左宗棠为主要代表的洋务派官员，他们共同得出的一个重要结论就是：我们"委天命、重伦理"的传统文化不行，要向"恃人力、重技术"的西方文化学习。事实上，推崇丛林法则的达尔文学说就是在这一背景下被严复翻译而进入中国的。[①] 由此，中国古代文化的发展便进入了一个衰落和否定的发展阶段。

正是从这一时期开始，中国人在向西方学习的同时开始摒弃先秦以来注重伦理的传统文化。这一反传统的倾向至二十世纪二三十年代，自由主义者全盘西化论的观点横空出世可谓到达了高峰。如果做点历史追溯，那么我们就可以发现，自由主义主张的这一全盘西化论的伦理思潮，肇始于鸦片战争所引发的社会危机以及"西学东渐"带来的传统伦理文化危机。当时由于胡适、吴稚晖、张东荪等人的大肆宣扬，使全盘西化论成为颇有影响力的一种伦理文化思潮。在自由主义者的全盘西化论看来，传统伦理道德完全是一张束缚人性和个性发展的无形之网，其弊端无穷。比如，胡适就认为孔教的伦理纲常是"不近人情的教条"，因此，中国哲学的使命就是"从儒学的道德教条和理学的枷锁中得到解放"[②]。

---

① 清朝末年，甲午海战的惨败，再次将中华民族推到了危亡的关头。此时，严复翻译了英国生物学家赫胥黎的《天演论》，宣传了"物竞天择，适者生存"的进化论观点，并于 1897 年 12 月在天津出版的《国闻汇编》刊出，该书的问世产生了巨大社会反响。康有为称赞严复是"精通西学第一人"。毛泽东也曾称赞他是"中国共产党出世以前向西方寻找真理的那一派人物"。

② 胡适. 先秦名学史 [M]. 上海：学林出版社，1983：8-9.

由此，他竭力主张以美国的实用主义为基本价值取向来建构新道德。吴稚晖则主张以自然主义的人性来反对传统礼教，他竭力推崇一种"清风明月式"的吃饭人生观。① 张东荪更是在反对传统伦理道德的基础上建构了他那以自由主义为主要特征的所谓"综合伦理学"。这一伦理学反对儒家伦理道德中社会国家为本位的传统观点，主张以自我存在为本位和出发点，以自我的扩充和放大为人生目的。② 因此，如果要对自由主义伦理思潮作一概括的话，那么全盘否定传统伦理文化和主张道德变革须全盘西化，无疑是其共同一致的纲领。

值得指出的是，这一主张彻底否定传统、全盘西化的自由主义伦理思潮在 20 世纪 80 年代的"文化热"中，依然有其影响。一些学者在演讲和著述中就竭力主张"西体中用"，重提否定以儒家为道统的传统伦理和全盘接受西方个人主义伦理价值的主张。所谓的"现代化就是西方化"的口号也是这一时期提出来的。事实上，中西之辩中，这种西化论思潮割裂传统文化与新文化的血脉关系，否定文化发展的历史延续性，无疑有着明显的片面性。

正是在这样的历史与现实的诸多因素的综合作用下，就中西之辩而论，我们的确曾经丢掉过文化自信，尤其是丢掉了对传统伦理文化的自信。我们憧憬着西方的伦理文化能够让中国社会经历离经叛道的阵痛之后发生革命性的变革，我们幻想着西方化之后中国人的道德会有耳目一新的进步。然而，这种变革和进步不仅没有发生，而且，我们的伦理道德却因过度西化而失去了传统之根。但是，现在社会更加强调了增强民族的文化自信，随着社会的发展和国家的不断强大，我们的文化自信也在不断增强。

二、自信地看待传统伦理文化

从"存在即合理"（黑格尔语）的立场看，我们首先承认近代以来否定传统伦理文化的历史必然性。事实上，正是因为西方列强的坚船利炮，以严复、魏源、龚自珍、林则徐为代表的一些进步知识分子和开明官员，开始反思和批判传统封建文化对国家发展的负面影响，提出了向西方学习的口号。这是一次非凡的觉醒。但在这个过程中，知识界的一些人产生了一种完全否定传统文化的极端情绪。正是在这样的历史背景下，中国传统伦理文化在近代以来确实遭到了前所未有的怀疑、忽视和否定。有人认为，只有抛弃传统伦理，才能重构适应现代化的新伦理、新道德、新人格。

事实上，正如我们在一些已经完成现代化的国家看到的那样，传统伦理与现代化不仅是完全对立的，而且是实现现代化的历史文化前提。在西方，正如马克斯·韦伯所证明的

---

① 吴稚晖. 一个新信仰的宇宙观及人生观（摘录）[M]. 北京：中国人民大学出版社，1961：125.
② 张东荪. 伦理学纲要 [M]. 北京：中华书局，1933：自序

那样，基督教的新教伦理成功地孕育了资本主义现代化所需要的伦理精神。同样，在中国特色社会主义现代化建设过程中，如果我们能够以审慎的科学态度去追溯以道为代表的传统伦理文化发展的历史，去伪存真，那么我们就会发现成为封建儒家伦理的"道"是有其封建糟粕的，但也有其美好和积极的本质。在几千年的文化发展和积淀中，这些元素积累成了中华民族的美德和品格。它维系着社会秩序和个体精神世界的平衡。特别是在传统的儒家伦理中，被称为"德"，它对我们的历史和现实生活产生了积极而深刻的影响。

有学者曾把这一传统美德罗列为十大德目：一是仁爱孝悌；二是谦和好礼；三是诚信知报；四是精忠爱国；五是克己奉公；六是修己慎独；七是见利思义；八是勤俭廉正；九是笃实宽厚；十是勇毅力行。的确，这些以仁爱为核心而衍生的德性规范，几千年来已成为我们中华民族一以贯之的德性追求。这些美德规范的形成既是伦理思想家的精神创造，更是包括这些思想家在内的无数崇道贵德的志士仁人躬身践行的实践成果。其实，中华民族在儒家伦理规范和熏陶下形成的传统美德远不止这十大德目。比如：自强不息、厚德载物的进取精神和博大胸怀；"先天下之忧而忧，后天下之乐而乐""天下兴亡，匹夫有责"的责任感和使命感；"杀身成仁""舍生取义"的气节追求；"富贵不能淫，贫贱不能移，威武不能屈"的人格操守以及重视人的现世生活与人伦关系，主张"己所不欲，勿施于人"；提倡"博施于民，而能济众"等，都是中华民族的传统美德。此外，儒家伦理文化注重道德教育和道德修养，强调道德修养过程中的学、问、思、辨、行并重的修养方法，强调道德教育应因材施教、启发诱导，以及重视蒙学家教、整肃门风等思想，也都构成中国传统伦理文化中的优秀遗产，它对于我们建设有中国特色的社会主义伦理文化无疑有着积极的启迪意义。

当然，由于儒家伦理作为中国传统伦理和法律中的"道"，毕竟是封建专制时代的产物，因此在建设适应社会主义现代化进程的新型伦理文化时，我们既需要继承儒家伦理文化的传统美德，也需要梳理儒家伦理文化的负面价值，消除其负面影响，如儒家伦理文化强调优越感与自卑感、亲近感与距离感。因此，要构建与社会主义现代化相适应的新型中国伦理文化，必须抵制和消除儒家伦理文化中消极因素的影响。这也是我们在弘扬以儒学为代表的古老传统伦理文化过程中不可忽视的重要任务。

因此，在对中国传统伦理思想清理和挖掘时，必须坚持这样一个基本原则：立足于中国社会主义现代化建设的实践，在清理的基础上，合理地吸收、更新和超越传统伦理文化。只有这样，我们才能真正构建与中国社会主义现代化相适应的新型伦理文化。

事实上，一个民族在自身的伦理文化建设中，无疑必须从传统伦理中汲取思想养分。也就是说，传统伦理文化作为一个源头，是后续任何新的伦理文化的对接和继承。只有在此基础上才能更新和超越，否则新的伦理文化将成为无源之水、无本之木。因此，在新时代的伦理文化建设中，我们反对全盘否定传统文化的做法，主张回归我们民族的传统，包括儒家伦理文化的积极成分、一切优良的传统伦理文化，并在深入根源的基础上努力挖掘其适应现代的现代性价值。

与此同时，在对待传统伦理道德遗产问题上，我们也反对以新儒家①为代表的复古主义思潮。作为一个完整的伦理文化思潮，现代新儒家产生于 20 世纪 20 年代初，其产生背景是对五四新文化运动激烈反传统的一种保守的理论回应。作为中西之辩的一种理论回应，现代新儒家的一个共同立场是：反对自由主义的全盘西化论，主张以儒家的道德为本位来建构新的伦理道德学说。新儒学的主要代表人物有熊十力、梁漱溟、马一浮、张君劢、冯友兰、钱穆等。比如，梁漱溟在当时孔子思想受到猛烈抨击的情况下，通过对古代中国、西方和印度三大思想文化的比较分析后得出了以孔学为主干的中国思想文化最有生命力的结论。他由此而阐发了儒家伦理道德的现代价值，并断言："世界未来文化就是中国文化的复兴。"张君劢在科学与玄学的论战中，则坚持认为科学不能解决人生问题，只有儒家的心性之学才能解决人生问题，并由此而建立了以儒家伦理学说为核心的人学理论。他通过对"理气合一"等范畴的考察，在道德形而上学的层面上建构了一个博大精致的伦理学体系，试图弘扬和阐发儒家伦理学说的现代意义。

值得指出的是，海外新一代以成中英、刘述先、杜维明、余英时等为代表的新儒家思潮，自 20 世纪 80 年代改革开放以来，则以新的学术范式、新的论证方式开始直接或间接地影响着我们对古代传统伦理文化的态度和看法。一些文章不加分析地对儒家伦理中的心性义理之学大加推崇。我们认为，这种观点与全盘西化论的自由主义思潮一样，也是片面的。事实上，传统从本质上讲它既是前代人同后代人在文化继承上的中介，又要靠后代人根据时代的需要进行自觉的扬弃，才能得以继承和发展。可见，包括儒家伦理文化在内的传统文化并没有超时空的绝对合理性，它们的合理性只存在于继之而起的后人依据现实而对其进行不断选择、不断创造和不断超越的发展之中。

我们之所以提倡批判地继承和发扬古老的伦理文化传统，包括儒家伦理文化中的优秀元素，正是因为这种伦理传统文化的本质构成了我们创造社会主义现代新伦理文化的历史前提。不创造社会主义现代化新的伦理文化，我国传统伦理文化无疑将失去现实的理性基础。正是从这一点出发，我们旗帜鲜明地反对新儒家的复古主义主张。

毛泽东在论述新民主主义文化建构的基本思想时，曾经特别论述了应当如何清理中国古代文化的问题。毛泽东概括地提出了我们对传统文化的两个基本原则：一是不能割断历史；二是必须批判地继承。

---

① 新儒家有两种理解：其一是指宋明时期的儒家各学派，如"程朱理学""陆王心学"等。其二是指产生于 20 世纪 20 年代初期并一直发展至今的一个学术思想流派，以熊十力、梁漱溟、马一浮为主要代表，力图在当代中国恢复儒家思想的主导地位，重建儒家的价值系统并以此为基础吸纳，融合，会通西学，以谋求中国文化和社会的现代化。本书指称的新儒家是后者。

因此，在传统伦理道德的现代价值开掘问题上，我们只有立足于有中国特色的社会主义现代化建设的现实基础，既要清理否定以儒家伦理为主干的传统伦理文化中的封建糟粕，又要继承吸纳其中的精华成分。只有这样，我们才能既与自由主义的全盘否定论划清界限，也与复古主义的全盘肯定论分道扬镳，① 从而真正科学地开掘出传统伦理文化的现代价值。

三、传统伦理对新时代伦理文化建设的启迪

以马克思的唯物史观而论，包括伦理道德在内的文化形态当然不是社会存在和发展决定性的因素，但是唯物史观同样承认文化所具有的对社会存在的巨大反作用。就当代中国伦理文化建设而言，如何在建设有中国特色的社会主义现代化国家的实践基础上，挖掘出传统伦理文化的现代价值，这是弥补我们对传统伦理体系认识和清理的切入点，也是辨清精华与糟粕，从而确定具体标准。

如果我们总结当前中国改革开放和社会主义现代化的基本社会现实，那么在社会道德生活中，以利益交换原则为主导的市场经济与以道德原则为基础的伦理建设之间的冲突是最基本的现实。可以用历史的进步和道德的堕落之间存在着一种所谓的悖论来描述这个基本事实的存在。一些人甚至由此而抱怨、诅咒市场经济这只"看不见的手"② 所带来的如拜金主义、功利主义、利己主义之类的消极后果。其实，对市场经济与现时代伦理文化建设关系问题的思考，我们应该立足于这样一个不容置疑的前提之上，这就是：正如走社会主义道路是近现代中国历史的必然选择一样，建立与发展社会主义市场经济体系同样是当代中国的必然选择。因为，历史已用极为沉重的经验教训，证明了我们从事现代化建设无法跨越市场经济这一具体的社会经济形态。当然，历史与现实的考察也表明，以利益交换为基本原则的市场经济与崇信道义的伦理文化是有矛盾、有冲突的。马克思在《共产党宣

---

① 其实，在这两个主张之外还有一个彻底重建论。彻底重建论在对待中国传统文化问题上主张"以彻底的反传统来创立新传统"。这种观点之所以也是错误的，就在于它对传统的理解带有太强的主观性和情绪化，缺乏辩证的思考。其实，每个人都生活在一定的文化传统中，传统可以创新与转换，但却不能随便割断与抛弃。因此，对中国传统文化不加分析地全盘否定，不仅在理论上是不可能的，而且在实践上也危害极大。因为这种把传统文化视为建设新文化的沉重包袱，甚至把民族文化中的优秀遗产也视为糟粕的错误观点只能导致他们丧失民族的自尊心和自信心。不过，由于这一主张的拥护者不多，故本书不作专门讨论。

② 18世纪英国经济学家亚当·斯密于1776年在《国富论》中提出的命题。最初的意思是，个人在经济生活中只考虑自己利益，受"看不见的手"驱使，即通过分工和市场的作用，可以达到国家富裕的目的。后来，"看不见的手"便成为表示资本主义完全竞争模式的形象用语。这种模式的主要特征是：推崇私有制，主张人人为自己，强调以自由竞争和自由获得市场信息来追求利益（或利润）最大化，反对政府干预经济活动。

言》中分析资本主义商品经济形态时就曾这样指出过："在它已经取得了统治的地方把一切封建的、宗法的和田园诗般的关系都破坏了……它使人和人之间除了赤裸裸的利害关系，除了冷酷无情的'现金交易'，就再也没有任何别的联系。"

虽然我们所从事的社会主义市场经济与资本主义市场经济有本质区别，但回顾今天的社会生活，我们仍然可以感受到市场经济的一些共性。因此，我们可以发现，社会道德生活的现状令人担忧：一方面，传统美德以及 20 世纪 50 年代确立的社会主义、共产主义道德规范的失范；另一方面，随着国家的开放，许多人对以西方个人主义价值观为核心的各种伦理理论颇为青睐。正是在这样的现实背景下，不仅出现了功利主义、拜金主义、利己主义的价值思想，出现了坑蒙拐骗、假冒伪劣、黄赌毒等丑恶现象沉渣泛起的社会现实，更令人为之不安的是一些原本只局限于经济领域的诸如利益交换原则，正被一些人演绎成基本的人生信仰和为人处世的生存方式。事实上，正如一些学者所指出的，这是党风、政风、社会风气出现这样那样问题的文化根源。

但即使如此，我们也仍然反对那种因此而否定市场经济的简单化结论。事实上，当前由商品交换和市场经济所引发的这些道德问题，正为我们现时代的伦理文化建设提供了现实的课题与发展的契机。我们对中国传统伦理思想的合理吸纳正是由此而显示出其现实紧迫性。

在建设适应社会主义市场经济和社会主义现代化的伦理体系过程中，针对我们如何从传统伦理思想宝库中提取和吸纳那些精华的成分，以建构我们新时代的伦理道德思想体系的问题，我们也许可以依据现代社会公共生活、职业生活和家庭生活三大领域的划分，分别探讨传统伦理资源对公共道德建设、职业道德建设和家庭美德建设的现代意义。

第一，传统伦理学对我国公共道德建设的启示。公共道德作为人们在社会公共生活领域中自觉遵循的行为规范原则，对社会风气的好坏起着最直接的影响和制约作用。在中国古代伦理道德思想的发展过程中，虽然有重私德而轻公德的倾向，但中国传统文化始终强调"家国同构"，强调群体与自我的统一，因此私德规范内在包含着基本的公德要求。比如，孔子讲的仁、智、勇"三达德"，管子讲的礼、义、廉、耻"四维"，孟子讲的仁、义、礼、智"四端"以及董仲舒集先秦儒家之大成而提出的仁、义、礼、智、信"五常德"理论，等等，其实无不内含了基本的公德规范在其中。显然，这些规范，只要去除和改造封建糟粕，无疑将对当今市场经济条件下的公共道德建设产生重要的现实启示作用。

中国传统伦理道德思想对当代公德建设的价值启迪，从道德修养的方法论来考察，也还体现在诸如"慎独"境界的追求和敬畏之心的培养等方面。中国传统伦理道德非常强调独处时的慎独境界："君子戒慎乎其所不睹，恐惧乎其所不闻。莫见乎隐、莫显乎微，故君子慎其独也。"（《礼记·中庸》）正因如此，在中国古代有极多的诸如杨子"四知"①、许衡不食无主之梨②的道德佳话流传。在我们的公德建设中，"慎独"境界之所以重要，是因为公共生活通常是与众多陌生者相处，因而公德最需要高度的自律精神去维系。同样的道理，中国古代伦理道德观念中对善恶报应的敬畏之心，对我们自觉地遵守公德也是大有裨益的。只不过我们必须剥去其迷信的外衣，而代之以科学的因果必然性观念。事实证明，对扬善惩恶的因果必然性持一份敬畏之心，通常是我们自觉拥有公德心的一个重要心理机制。

可见，在当前的公德建设中，不仅可以从传统伦理的具体德目诸如仁、义、礼、智、信这样一些规范中直接吸纳仁爱之心、见义勇为、诚信不欺等合理的思想内容，而且还可以从传统伦理的修养方法如"慎独"境界的生成和敬畏之心的培养等内容中启迪思路，从而使全民族形成高度自觉自律的公德意识和公德习惯。

第二，传统伦理学对职业道德建设的启示。职业是社会分工的结果，它是每个人生活的基础。除了技能和职业要求，还有道德要求，就是职业道德。中国古代伦理思想对职业道德的传承也十分丰富。例如，早在春秋时期，《尚书》就记载了官员的道德规范："宽而栗，柔而立，愿而恭，乱而敬，扰而毅，直而温，简而廉，刚而塞，强而义。"在《孙子兵法》中，军人的职业道德是："将者，智、信、仁、勇、严。"对医德的记载，从春秋战国《黄帝内经》提出的"疏五过，征四失"到扁鹊"随俗而变"的高尚医德，到唐代孙思邈在其《太医精诚》中"不得问其贵贱贫富、长幼妍媸、怨亲善友、华夷愚智"的自我医德的制定，都表明我国古代职业道德思想的产生几乎和社会分工的出现一样源远流长。

中国传统伦理对当前职业伦理文化建设的现代启示，首先表现在以儒家伦理为主要基础的传统伦理中"义利合一"基本原则的现代意义上。众所周知，职业道德与社会道德的一个显著区别在于，职业道德与职业的逐利行为直接相关。因此，如何在职业营利行为中遵守基本的道德原则，实现营利行为与道德行为的内在统一，是职业道德建设中必须正确处理的最基本的关系问题。在这个问题上，传统的儒家伦理一直主张"义利合一"的基本原则。这一原则的基本内涵包括以下两个方面的内容：一方面，见义，不谋不义之财，即所谓君子爱财取之有道。孔子说："不义而富且贵，于我如浮云。"（《论语·述而》）另

---

① 据《后汉书·杨震传》记载，杨子名震，为东汉时人，曾在某地任太守之职。一日深夜，某人携十斤黄金来访，欲以此金买官。杨子严词以拒。此人心有不甘，说"夜深人静，无人知晓"，杨子答曰："天知，地知，你知，我知，有此四知，岂能言无人知晓？"

② 据《元史·许衡传》记载，许衡为元代文人。一次，因逃避战乱而来到一棵梨树下，又饥又渴的同伴们纷纷摘取梨子食用，许衡却端坐不动。同伴劝他说："无主之梨，食之何妨？"许衡却正色答曰："梨无主，而吾心岂无主焉？"

一方面，当正义与利益发生冲突时，自觉遵守正义优先于利益的原则，在必要的时候以牺牲来换取正义，甚至以生命为代价。儒家的"义利合一"思想显然对我们在市场经济条件下树立正确的义利观具有高度针对性的启示作用，从而有效地改变当前职业道德生活领域里某些唯利是图的不良倾向。

中国传统伦理道德思想对职业伦理文化建设的启迪作用，还体现在许多具体的职业道德规范中。比如，就为政者的职业道德而言，孔子就曾这样说过："政者，正也；子帅以正，孰敢不正？"（《论语·颜渊》）可见，在孔子看来，为政者对职业道德的遵守是尤为重要的，因为它直接影响社会风气和道德风尚。孔子这一政德观对于我们为政者形成正直、清廉、刚正、公正的职业道德无疑有着启迪意义。又比如，教师的职业道德。韩愈在《师说》中曾把师德概括为"传道""授业""解惑"三个基本规范，这三个规范对于我们今天的师德建设无疑也是有借鉴意义的。还比如，医生的职业道德。中国古代医学著作在记载了丰富的医学知识的同时也记载有丰富的医学伦理规范和医德传统。如"凡为医者，性存温雅，志必谦恭，动须礼节，举乃和亲，无自妄尊，不可骄饰"；"疾小不可云大，事易不可云难，贫富用心皆一，贵贱用药无别"，如此等等。古代医家对医德的这些概括无疑是合理和精当的，它对今天的医德建设显然也有着多方面的启迪意义。

第三，传统伦理对家庭美德建设的启迪。由于中国古代是一个以血缘关系为纽带建立起来的宗法社会，家庭生活是社会的最基本生活。由此，我们便可以发现，在中国古代的伦理道德传统中向来特别注重家庭美德的建设。在古人看来，最原始的道德关系就产生于夫妇父子的家庭之中，所以在儒家推崇的"五经"之一的《周易·序卦》中就有如下的一段经典论述："有天地然后有万物，有万物然后有男女，有男女然后有夫妇，有夫妇然后有父子，有父子然后有君臣，有君臣然后有上下，有上下然后礼义有所错（措）。"也因为这样一个缘由，所以儒家特别重视家庭伦理的教化功能，在修身、齐家、治国平天下的"成人"之道中，"齐家"既被视为"修身"的结果，又被认为是"治国平天下"的起点。正是在这样的文化背景下，中国古代形成了以慈、孝、贞、敬、悌等为核心范畴的极为丰富的家庭道德规范。

当然，当前的家庭美德建设主要是从当代社会生活的要求出发，其道德规范的形成主要是从丰富多彩的社会实践中推动的。同时，对传统家庭美德的继承和发扬也应是重要途径。这是现代意义上对传统伦理道德思想的又一确认和体现。例如，在亲、孝、信、敬、亲的传统美德方面，对当今家庭伦理建设的启示是多方面的，如"贞"的道德规范消除了禁欲主义的色彩，这是违背人性的，在今天，它还可以激励夫妻在性道德上履行忠贞不渝的道德义务；"尊重"的道德规范，在废除繁文缛节的道德规范要素后，可以启发家庭成员之间建立一种平等、相互尊重、容忍和信任的基本道德规范；"悌"的道德规范在去除了"以长为尊"（《礼记·乐记下》）的不平等因素之后，无疑对我们今天家庭中兄弟姐妹之间相互尊重、相互关怀的道德情感氛围的形成具有启蒙性作用。

正是基于如上的分析，我们认为就中西之辩而论，传统伦理文化的现代价值是值得肯定的。置身文化自信的现实语境下，进入新时代的中国公民亟待从五四运动以来对传统伦理的偏激中走出来，理性而睿智地认同、践行和传播中华民族优秀的传统伦理文化，从而更好地修养自我、安身立命，以构建起和谐、和美的社会伦理关系。

20世纪初，在灾难深重的中国开始探索现代化道路时，青年毛泽东就曾有过"道德哲学在开放之时代尤要"的论断。今天在改革开放和建设有中国特色社会主义现代化国家的历史进程中，已没有人会怀疑伦理文化建设乃至整个精神文明建设在其中的重要作用。问题只在于，置身新时代的我们如何建设一个既体现中国特色又具有社会主义特性，从而能为现代化的建设提供德性和心性方面保障的伦理道德体系。这个适应现代化建设之要求的伦理道德思想的建设途径无疑是多维的，其中一个重要的途径就是从中国传统的伦理道德思想宝库中汲取有益的营养成分。

重要的还在于，我们要自觉、自信、自豪地意识到，注重人生、长于伦理一直是中国传统文化异于西方文化的一个基本价值取向。伦理道德作为社会生活秩序和自我人生规范的自觉理性约定，从来都是构成中国传统文化的一个核心成分。正是在这一伦理型文化的规范和影响下，中国古代的各种文化形态，如文学、艺术、美学、宗教、史学、教育等都有"尚德"的传统。因此，置身于"德治"的重要性已日益凸显的新时代，以坚定的文化自信为立场，批判地整理和开掘中国古代的伦理文化传统，对于我们今天加强道德修养，充实自我心性，从而为现代化的实现提供精神和德性方面的保障，无疑都有着重要的现实指引意义。

第二节　弘扬中国传统伦理道德思想的重要意义

中华优秀伦理道德传统是中华民族思想文化传统的重要组成部分，是中国思想家对中华民族道德实践经验的总结。中华民族能够历经数千年的历史百摧不亡而屹立于世界民族之林，世代相传的传统美德、伦理规范发挥了重要作用。

一、弘扬中华优秀伦理道德思想的时代意义

中国优秀的伦理道德思想主要是指以儒家伦理思想和伦理传统为基础的道德实践活动的伦理思想和行为规范的总和。它们是一个国家在长期的共同生活和共同的社会实践基础

上形成和发展起来的。一个民族大多数成员所认可和接受的思想品格、价值取向和道德规范，是一个民族心理特征、文化传统、思想感情的综合反映。

弘扬中华民族优秀伦理道德思想，就是要培育和践行社会主义核心价值观。只有继承中华民族优秀的伦理道德思想，在学习、借鉴、吸收、批判中继承发扬，才能最终创造出人类更先进的精神文化，并内化为共同的价值信仰和价值追求。中华民族优秀的伦理道德思想，也是全人类共享的跨越时空的精神财富，是世界文明和文化的组成部分，共同促进了人类伦理道德文化的进步。传统伦理思想中的"义""勤""礼""和"等思想，对新形势下各种新型社会关系的维系和协调个人与利益集团之间的经济伦理行为发挥着积极的制约和指导作用。

弘扬中华优秀伦理道德思想是我们党的一贯主张。优良伦理道德传统积淀着中华民族最深层的精神追求，代表着中华民族独特的精神标识，为中华民族生生不息、发展壮大提供了丰厚滋养，是树立民族自尊心和自信心，形成民族向心力、凝聚力最宝贵的历史遗产和力量源泉。中华民族在几千年的融合发展中，形成了以爱国主义为核心的团结统一、热爱和平、勤劳勇敢、自强不息的伟大民族精神，这也是我们民族的优秀民族传统。善于传承才能更好地创新，党的一贯主张应当成为我们的精神追求。

二、中国传统伦理思想对现代社会治国兴邦和道德建设的借鉴意义

（一）伦理道德规范对现代社会的形塑发挥着不可替代的作用

当前，我国正处于社会转型期，市场经济体制不断完善，社会经济生活等都发生了巨大的变化，也引发了各种社会问题和矛盾，表现在道德方面的是道德滑坡和腐败，人们的社会道德、社会责任、荣誉的褪色和丧失等。同时，由于法治建设的加强，各种法律法规已经渗透到社会生活的各个领域，包括原本属于道德的空间。但这并不意味着社会不需要伦理和道德规范，仍然不意味着法律制度可以取代伦理和道德规范。法律是一种具有强制性的外部约束力，道德是一种具有意识的内部约束力，社会法律制度的实施依赖于这种意识。因此，在现代社会的转型中，伦理道德要想继续发挥其规范作用，就必须从传统转向现代，对现代社会面临的各种问题做出新的解决方案，从而实现伦理道德与现代价值取向的联系与互补。

（二）伦理道德对现代社会具有强大的整合作用

现代社会的整合形式主要表现在以下两个方面。

第一，作为道德规范形式而存在，如在重视整体精神的影响下，为国家、为民族、为

整体利益奋斗不息的爱国主义精神，其依然是我国民族精神的核心，激励、指导着人们的爱国行为。

第二，伦理道德规范法律化。即将一定的伦理道德规范，通过立法方式转化为法律规范。法律规范是立法者基于其自身对善恶、正邪、荣辱等基本道德价值判断的结果，伦理道德规范法律化能够体现人类的善良意愿，从而更容易获得公众的认可与执行，具有更为丰富、深刻的价值意义。

（三）公德与私德的分化是现代社会发展的要求和重要体现

社会结构的分化使社会生活逐渐分为公共生活和私人生活，相应地，伦理道德也相应地分为公共道德和私人道德。社会公德是现代文明的产物，是现代公民的一般行为准则，是形成一定社会秩序、维护社会稳定的要求。道德分化不仅形成自我调节的个体，而且要求个体在实现自身自由和个性的同时，遵守公共生活领域的道德规范。

在全面深化依法治国背景下，特别是中共中央提出社会主义核心价值观融入法治建议立法修法规划后，我们应进一步重视传统伦理道德现代化的研究，更好地为法治建设服务。

其它参考文献

[1] 休谟. 人性论：上卷 [M]. 文运，译. 北京：商务印书馆，1980.

[2] 休谟. 道德原则研究 [M]. 曾小平，译. 北京：商务印书馆，2001.

[3] 吉登斯. 现代性与自我认同 [M]. 赵旭东，译. 上海：生活·读书·新知三联书店，1998.

[4] 吉登斯. 现代性的后果 [M]. 田禾，译. 北京：译林出版社，2006.

[5] 密尔. 论自由 [M]. 程崇华，译. 北京：商务印书馆 1959.

[6] 西季威克. 伦理学方法 [M]. 廖申白，译. 北京：中国社会科学出版社，1993.

[7] 罗素. 西方哲学史：上卷 [M]. 何兆武，李约瑟，译. 北京：商务印书馆，1963.

[8] 梅因. 古代法 [M]. 沈景一，译. 北京：商务印书馆，1984.

[9] 贝尔. 社群主义及其批评者 [M]. 李琨，译. 北京：商务印书馆，2002.

[10] 贝尔. 资本主义文化矛盾 [M]. 蒲隆，赵一凡，任晓晋译. 北京：生活·读书·新知三联书店，1989.

[11] 彼彻姆. 哲学的伦理学 [M]. 雷克勤，郭夏娟，李兰芬，沈珏，译. 北京：中国社会科学出版社，1990.

[12] 希尔斯. 论传统 [M]. 傅铿，吕乐，译. 上海：上海人民出版社，1991.

[13] 麦金太尔. 伦理学简史 [M]. 龚群，译. 北京：商务印书馆，2003.

[14] 麦金太尔. 德性之后 [M]. 龚群，等译. 北京：中国社会科学出版社，1995.

[15] 贝斯特，凯尔纳. 后现代理论：批判性的质疑 [M]. 张志斌，译. 北京：中央编译出版社，2001.

[16] 罗尔斯. 道德哲学史讲义 [M]. 张国清，译. 北京：生活·读书·新知三联书店，2003.

[17] 亚里士多德. 大伦理学 [M] // 苗力田. 亚里士多德全集：第 8 卷. 北京：中国人民大学出版社，1994：239-338.

[18] 杜兰. 世界文明史：文艺复兴 [M]. 北京：东方出版社，1998.

[19] 汪子嵩，范明生，陈村富，等. 希腊哲学史：第 2 卷 [M]. 北京：人民出版社，1993.

[20] 陈根法. 德性论 [M]. 上海：上海人民出版社，2004.

[21] 陈真. 当代西方规范伦理学 [M]. 南京：南京师范大学出版社，2006.

[22] 周辅成. 西方伦理学名著选辑：上卷 [M]. 北京：商务印书馆，1964.

[23] 罗国杰. 伦理学 [M]. 北京：人民出版社，1989.

[24] 赵汀阳. 论可能生活 [M]. 北京：中国人民大学出版社，2004.

[25] 赵林. 神旨的感召：西方文化的传统与演进 [M]. 武汉：武汉大学出版社，1993.

[26] 万俊人. 现代性的伦理话语 [M]. 哈尔滨：黑龙江人民出版社，2002.

[27] 王晓朝. 希腊哲学简史：从荷马到奥古斯丁 [M]. 北京：生活·读书·新知三联书店，2007.

[28] 包利民. 生命与逻各斯：希腊伦理思想史论 [M]. 北京：东方出版社，1996.

[29] 包利民. 现代性价值辩证论 [M]. 上海：学林出版社 2000.

[30] 北京大学哲学系. 十八世纪法国哲学 [M]. 北京：商务印书馆，1963.

[31] 石元康. 从中国文化到现代性典范转移 [M]. 北京：生活·读书·新知三联书店，2000.

[32] 任剑涛. 中国现代思想脉络中的自由主义 [M]. 北京：北京大学出版社，2004.